Experimental Teaching Guide for
Road and Railway Engineering

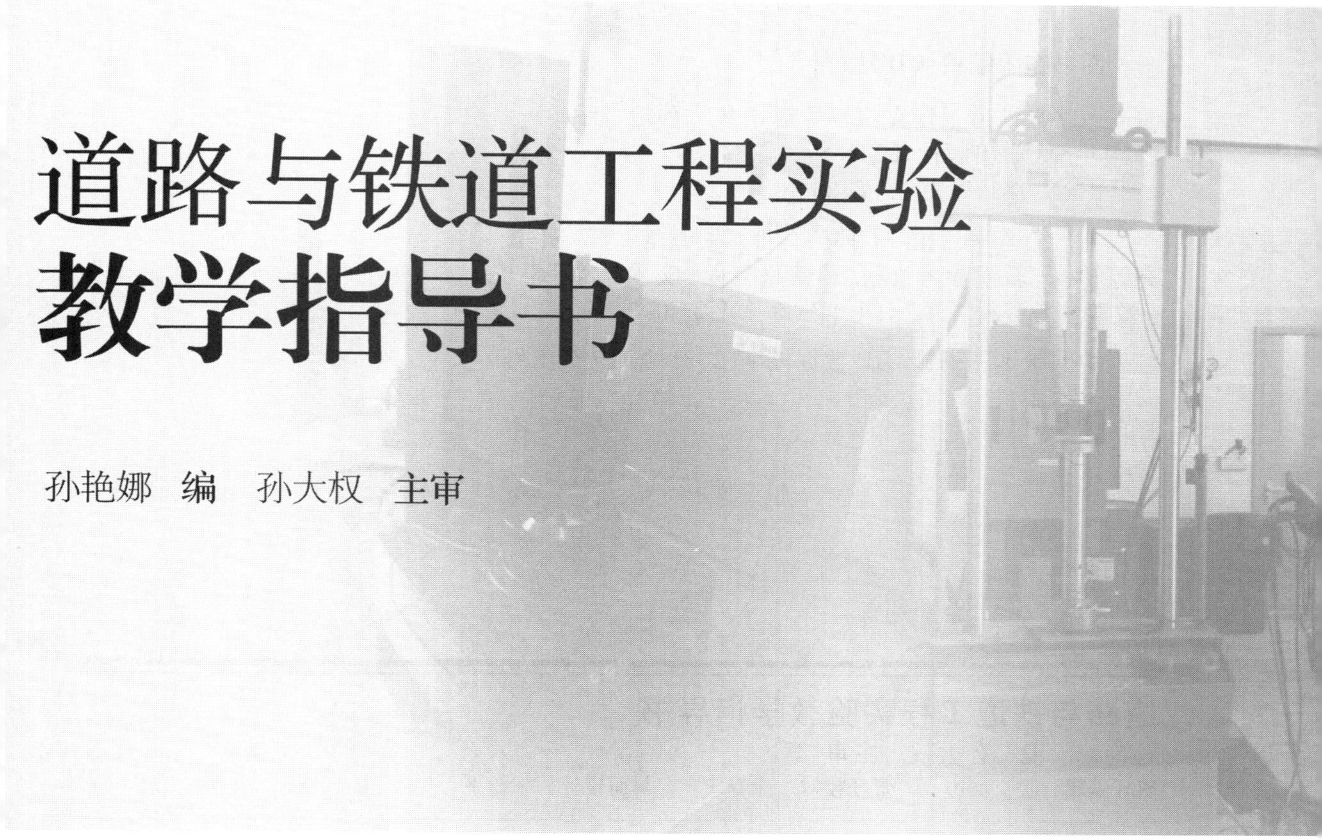

道路与铁道工程实验教学指导书

孙艳娜 编 孙大权 主审

同濟大學 出版社
TONGJI UNIVERSITY PRESS

内 容 提 要

本书主要分为认知型实验、验证性实验和设计性实验三个部分。认知型实验共包含7个实验，主要介绍本行业先进的大型和精密仪器对应的实验项目，培养学生国际化视野和科研能力；验证性实验共包含44个实验，涉及土、集料、沥青、水泥、沥青混合料、水泥混凝土和路面性能检测七个方面，目的是培养学生的动手操作能力、强化对专业知识的理解；设计性实验共包含3个实验，目的是培养学生综合运用理论知识分析和解决问题的能力，促进学生将知识转化为技能。

本教材是道路和铁道工程专业的配套实验教材，既可作为全日制本科及各类成人教育道路工程、交通工程、土木工程、铁道工程、机场工程等专业的实验教材，也可供相关工程技术人员参考使用。

图书在版编目(CIP)数据

道路与铁道工程实验教学指导书 / 孙艳娜编. —上海：同济大学出版社，2021.8

ISBN 978-7-5608-8436-3

Ⅰ.①道… Ⅱ.①孙… Ⅲ.①道路工程—实验—高等学校—教学参考资料 ②铁路工程—实验—高等学校—教学参考资料 Ⅳ.①U41-33 ②U2-33

中国版本图书馆CIP数据核字(2021)第154501号

道路与铁道工程实验教学指导书

孙艳娜 **编** 孙大权 **主审**

责任编辑 陆克丽霞 **责任校对** 徐春莲 **封面设计** 陈益平

出版发行 同济大学出版社 www.tongjipress.com.cn
(地址：上海市四平路1239号 邮编：200092 电话：021-65985622)

经 销 全国各地新华书店

排 版 南京文脉图文设计制作有限公司

印 刷 常熟市大宏印刷有限公司

开 本 787 mm×1092 mm 1/16

印 张 11

字 数 275 000

版 次 2021年8月第1版 2021年8月第1次印刷

书 号 ISBN 978-7-5608-8436-3

定 价 48.00元

前　言

道路与铁道工程是一门应用性和实践性较强的专业，对学生专业技能和创新能力要求较高。实验教学在培养学生实践能力和创新能力方面具有明显的优势，与理论教学相比具有直观性、实践性、综合性和创新性等特点，因此“一流本科”教学培养中应加强实验教学环节。为适应“双一流”，建设“一流本科”育人体系的培养目标的实施，努力培养符合新时代要求的专业精英、社会栋梁，培养学生的实践能力和创新意识，根据教学大纲的要求，我编写了《道路与铁道工程实验教学指导书》，力求使学生系统地学习实验教学内容，以期达到更加良好的实验教学效果。

本书主要分为认知型实验、验证性实验和设计性实验三个部分。认知型实验共包含7个实验，主要介绍本行业先进的大型和精密仪器对应的实验项目，培养学生国际化视野和科研能力；验证性实验共包含44个实验，涉及土、集料、沥青、水泥、沥青混合料、水泥混凝土和路面性能检测七个方面，目的是培养学生的动手操作能力、强化对专业知识的理解；设计性实验共包含3个实验，目的是培养学生综合运用理论知识分析和解决问题的能力，促进学生将知识转化为技能。根据实践教学经验，本书对每个实验都添加了实验思考题，供学生课后思考以巩固所学课程内容。

本书在编写过程中，得到了同济大学洪玲教授级高工、肖飞鹏教授、钱劲松教授、刘黎萍教授、李淑明副教授的指导和帮助；硕士研究生孙宇参与了资料整理和文稿校对，孙大权教授审阅书稿并提出了宝贵的修改意见。在此一并表示衷心的感谢！

由于编写时间仓促，编者水平有限，书中难免有不妥和疏漏之处，恳请国内外同行和专业读者批评指正！

本教材是道路和铁道工程专业的配套实验教材，既可作为全日制本科及各类成人教育道路工程、交通工程、土木工程、铁道工程、机场工程等专业的实验教材，也可供相关工程技术人员参考使用。

编　者

2021年7月

目　录

第 1 篇　认知型实验

实验 1　铺面加速加载试验系统

1.1　实验的相关知识点

(1) 加速加载试验系统的基本组成。

(2) 车轮荷载作用下路面结构的车辙发展规律。

(3) 路面结构的疲劳寿命。

1.2　实验目的

通过铺面加速加载试验系统对路面结构进行加载，在短时间内可以得到路面结构的性能衰减规律。通过在路面结构内埋设适当的应力、应变、位移传感器等，可以得到车辆荷载作用下路面结构内的应力应变情况、荷载累计作用下路面各结构层的变形情况以及路面结构的模量衰减规律等。

1.3　实验内容

加速加载试验可以在室内或野外对道路及机场铺面结构进行汽车和飞机荷载足尺模拟，是在气候环境-交通荷载-铺面结构-路基相互作用下对交通基础设施进行全寿命周期研究的重大核心装备，具体可以控制轮胎类型、轴载、温度、湿度、横向分布系数等。

1.4　实验的主要仪器设备和其他材料

MLS66(Mobile Load Simulator)加速加载试验系统是南非 MLS 试验系统有限责任公司[MLS Test Systems (Pty) Ltd]应同济大学要求设计的，该系统是目前世界上最先进的直线形加载设备，有效加载段长度为 6.6 m，由 6 组加载轮在一个近似椭圆的轨道上循环运行，最高加载频率为 6 000 次/h，轮架的最高速度可达 6 m/s(约 22 km/h)，加载轮可选单轮或双轮，半轴轮载可变范围为 25～75 kN。

MLS66 设备长 12.5 m、宽 2.8 m、高 3.2 m，总质量 45 t，其外观如图 1-1 所示。

MLS66 设备由供电系统、液压系统、冷却系统、电气控制系统、加载系统和路面加热系统组成。

图 1-2 所示为 MLS66 的构造图，每组轮架连接由 12 对直径为 250 mm 的钢轮构成，这

图 1-1　MLS66 外观

些钢轮在钢导轨上运行，每个轮架上装有铝反应板，刚性主框架装有线性激励电机（Linear Induction Motors，LIMs，共 32 个），用于推动铝反应板及轮架高速运转。LIMs 由该机上的水泵、热交换器（冷却器）和风扇提供冷却循环水进行冷却降温。

(a) 总体构造

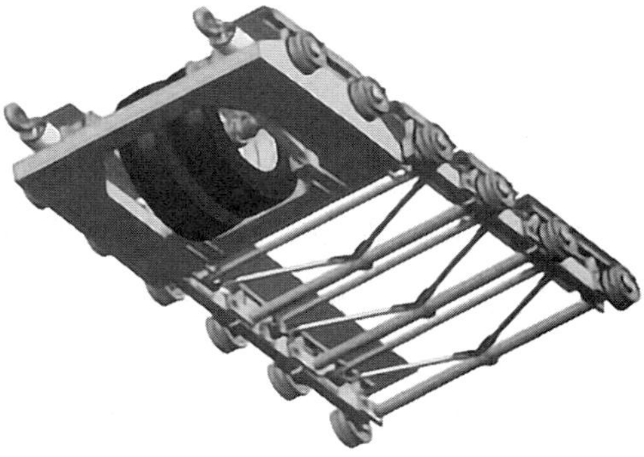

(b) 轮架结构

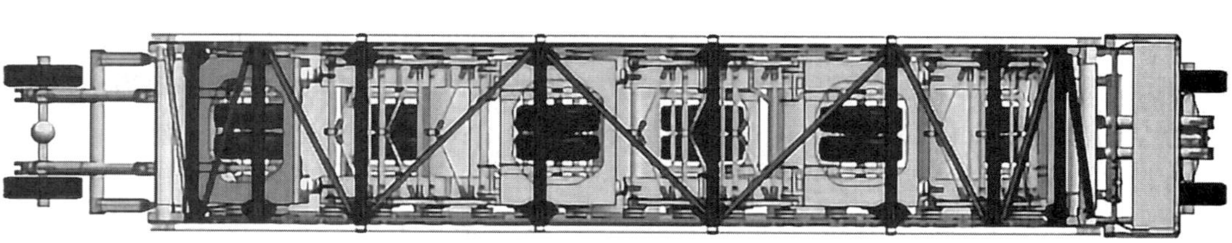

(c) 俯视图

图 1-2　MLS66 构造图

1.5 实验方法

加速加载试验以模拟道路结构在长期荷载作用下的性能为目的，能够在较短的时间和可控条件下对实际路面进行循环加载，以模拟路面结构在设计使用期内的破坏规律，从而快速建立荷载和路面结构响应及路用性能之间的关系。加速加载试验主要用于路面结构的力学响应以及车辙、疲劳等行为研究。

1. 实验准备

(1) 检查仪器设备是否处于正常工作状态。

(2) 选择需要测试的路段，确保实验段长度大于 6.6 m。如需要观测路面结构内的应力、应变、温度、湿度等情况，应提前在路段内埋设好应力、应变、温度、湿度传感器等。

(3) 确定加载参数，如实验温度、轴载大小、加载次数等实验参数。

2. 实验步骤

将 MLS66 加速加载试验系统移动到测试路段的上方，设定实验参数，然后开始测试。记录加载时路面结构内部的应力、应变、变形等数据。

每天仪器工作结束后，应及时检查仪器各功能是否完好，定期进行养护。

1.6 实验结果整理及报告要求

(1) 认真完成实验报告，书写工整。

(2) 根据对实验过程的理解，回答思考题。

1.7 思考题

(1) 直线式加速加载设备的特点。

(2) 简述 MLS66 加速加载试验系统的主要组成。

(3) 采用 MLS66 加速加载试验系统可以进行的实验项目。

实验 2 计算机断层扫描仪

2.1 实验的相关知识点

(1) 计算机断层扫描仪的基本组成。

(2) CT 值。

2.2 实验目的

采用计算机断层扫描(Computer Tomography, CT)技术对被测物体进行无损检测,得到被测物体 3 个二维平面的逐层切片照片以及 3D 模型,通过对照片或模型进行观测,可以得到物体内部的缺陷信息。

2.3 实验内容

CT 技术是一种无损探伤技术,能够在不破坏试件的前提下对试件的内部缺陷进行扫描、建模和重现,看到被测物体内部任意位置的缺陷情况,比如空隙率、裂缝大小等,精度可达 500 nm。

2.4 实验的主要仪器设备和其他材料

计算机断层扫描仪绝大部分为 X-Ray CT,主要由射线源和探测器两部分组成,其基本结构如图 2-1 所示。

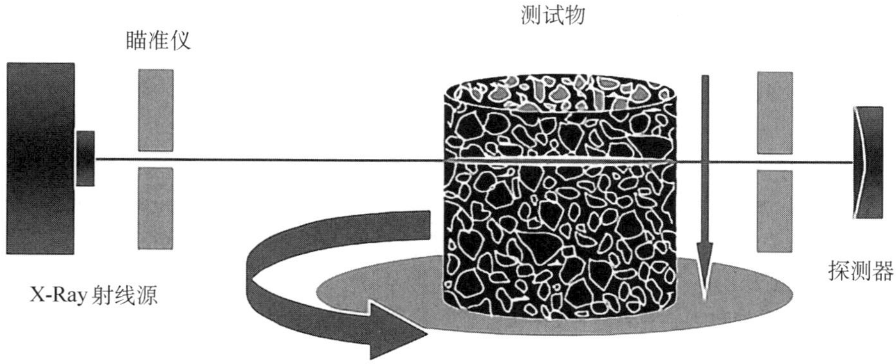

图 2-1 CT 扫描系统结构

X 射线可穿透非金属材料,不同波长的 X 射线的穿透力不同,而不同物质对同一波长的 X 射线的吸收能力也不相同。物质密度越大或者组成物质的原子、中子的序数越高,该物质对 X 射线的吸收能力就越强。

在扫描过程中,探测器会记录下被测物体在该方位时被射线穿透后留下的投影信息,通过缓慢旋转被测物体,从而对每一个角度进行扫描,即可得到全部角度的投影数据,然后使用相关软件对投影数据进行反算,可快速重建被测物体的三维图像。对三维图像进行处理后可得到被测物体任一截面的断层扫描图像。

2.5　实验方法

1. 试样准备

准备需要测试的物体,可以是沥青混合料试件、水泥混凝土试件、钢轨、机械零部件等。

2. 实验步骤

将被测物体放在射线源与探测器之间的载物台上,选择合适的角度,确保探测器可以接收到被测物体全部的投影信息。

开机,进行试样扫描。扫描结束后,采用 VG MAX 专用软件重建被测物体的三维图像。之后根据需要来查看、分析、统计被测物体在任意位置的损伤情况,计算 CT 值等。

2.6　实验结果整理及报告要求

(1) 认真完成实验报告,书写工整。

(2) 根据对实验过程的理解,回答思考题。

2.7　思考题

(1) 简述计算机断层扫描仪的主要组成。

(2) 计算机断层扫描技术可检测到的损伤类型。

实验 3 材料测试系统

3.1 实验的相关知识点

(1) 材料测试系统(Material Test System, MTS)的基本组成。

(2) 抗压强度、劈裂强度、动态模量等。

3.2 实验目的

采用材料测试系统,配以适当的夹具,可以对试样进行拉、压、剪等各种形式的加载,以测试材料的强度、弹性模量、疲劳性能等。

3.3 实验内容

材料测试系统是测试金属材料和非金属材料(包括钢筋、水泥混凝土、沥青混凝土、基层材料、土等)力学性能的重要设备,可以进行静态、动态等各种波形的加载,具体可以对测试材料进行高温蠕变试验、中温疲劳试验、低温弯曲试验、直接拉伸试验、间接拉伸试验、动态模量试验和静态模量试验等。

3.4 实验的主要仪器设备和其他材料

材料测试系统 MTS 810 由液压动力源、荷载单元、TestStar Ⅱm 控制系统、环境箱等组成。其中,环境箱温度范围为−30～100 ℃;荷载单元可进行正弦波、三角波、矩形波以及设定的任意波形加载;控制系统为全软件控制,强大的程序模块支持各种试验过程,多样的显示方式可实时查看加载动态和数据采集。MTS 810 的外观如图 3-1 所示,环境箱如图 3-2 所示。

图 3-1 材料测试系统 MTS 810

图 3-2　材料测试系统 MTS 810 的环境箱

3.5　实验方法

1. 试样准备

准备需要测试的试件，可以是沥青混合料试件、水泥混凝土试件、钢筋、基层材料、土等。将试件放置在环境箱内，设置需要测试的温度，保温试件以备用。

2. 实验步骤

选择配套的夹具，安装试件、位移传感器，根据具体实验内容（测试试件的模量、强度、疲劳性能等）编辑测试程序、数据采集信息，开始测试。

待实验结束后，打开环境箱，拆除位移传感器、试件与设备的连接等；查看、导出实验数据，分析实验结果。

3.6　实验结果整理及报告要求

（1）认真完成实验报告，书写工整。

（2）根据对实验过程的理解，回答思考题。

3.7　思考题

（1）简述材料测试系统的主要组成。

（2）简述材料测试系统配套夹具及对应的实验项目。

实验 4　凝胶渗透色谱分析仪

4.1　实验的相关知识点

（1）凝胶渗透色谱分析仪的基本组成。

（2）重均分子量、数均分子量、分散度。

4.2　实验目的

通过凝胶渗透色谱分析(Gel Permeation Chromatography，GPC)实验，得到测试材料的分子量分布曲线，通过计算，得到材料的重均分子量、数均分子量、分散度等参数。

4.3　实验内容

GPC 主要应用于高分子材料的分子量及其分布测试，其测试原理如图 4-1 所示。样品溶液缓慢地流过含有多孔凝胶的色谱柱，尺寸越小的分子，越容易进入凝胶内部的微孔之中，因而其通过色谱柱越慢，在色谱柱中的保留时间就越长；当分子尺寸较大时，由于很难进入微孔，因而会最先流出色谱柱，对应的保留时间就较短。色谱图中保留时间由短到长，对应的分子尺寸由大到小。

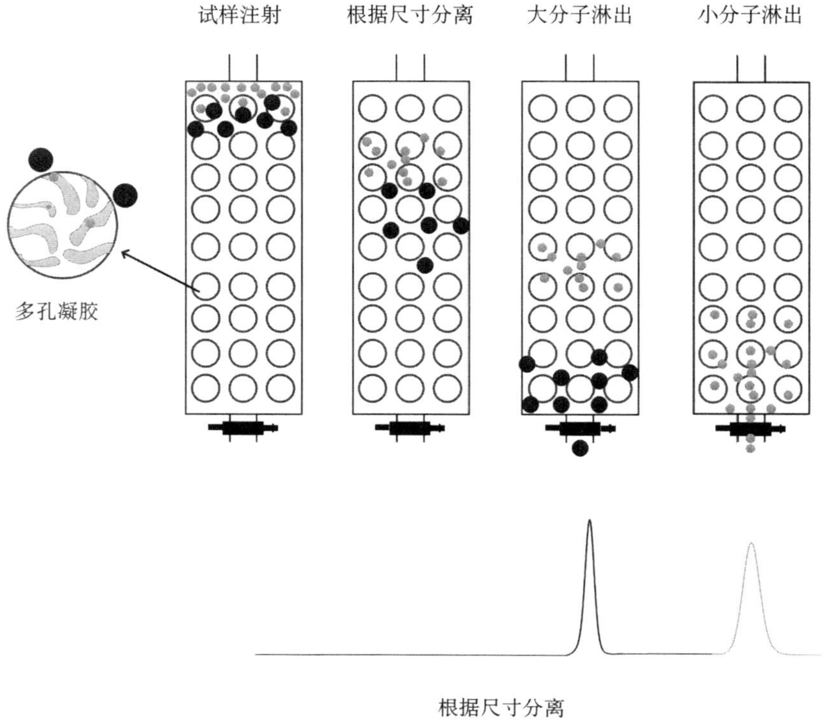

图 4-1　凝胶渗透色谱分离示意

在道路工程领域，GPC 多用于改性沥青的反应机理研究（交联与降解）、沥青的老化研究（沥青质增多）以及旧沥青的再生研究（依据大分子的比例确定新、旧沥青拌和效率）。

4.4　实验的主要仪器设备和其他材料

（1）凝胶渗透色谱分析仪主要由流动相、泵系统、进样系统、凝胶色谱柱、柱温箱、检测器、数据采集与处理系统等组成，详细参数如下：

① 流动相：HPLC（High Performance Liquid Chromatography）级别四氢呋喃（Tetrahydrofuran），4 L 规格；

② 泵系统：Waters 1515 HPLC 泵；

③ 进样系统：手动进样器；

④ 凝胶色谱柱：脂溶性凝胶柱；

⑤ 柱温箱：保温 35 ℃；

⑥ 检测器：Waters 2414 示差折光检测器（Refractive Index Detector）；

⑦ 数据采集与处理系统：BreezeTM 2 软件；

⑧ 流速：1 mL/min。

凝胶渗透色谱分析系统的流程如图 4-2 所示，仪器如图 4-3 所示。高压泵将流动相以 1 mL/min 的恒定速度流入色谱柱，注入样品后，色谱柱按照分子大小对样品进行分离，

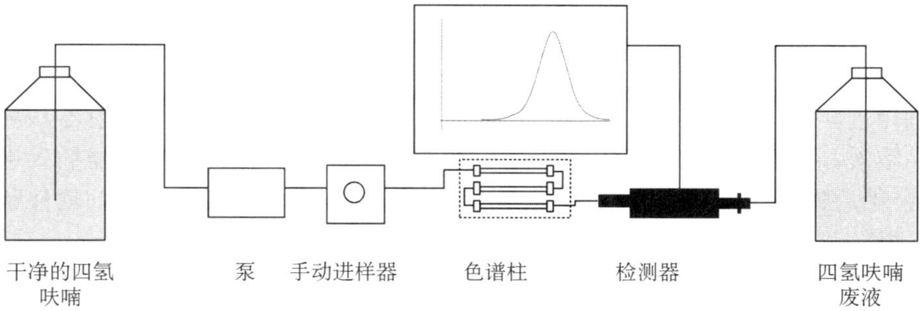

图 4-2　凝胶渗透色谱分析系统流程

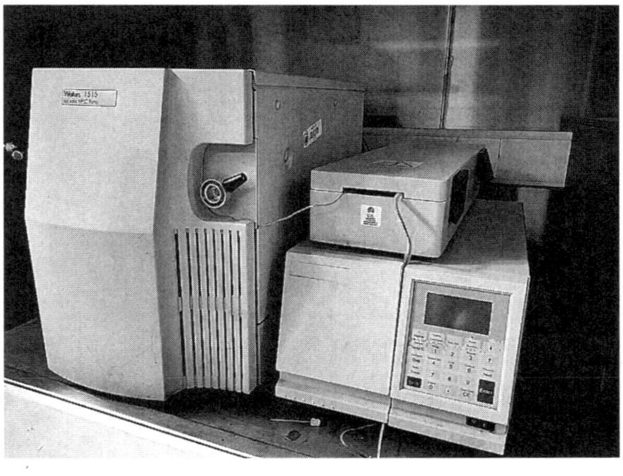

图 4-3　凝胶渗透色谱分析仪

示差折光检测器将连续检测样品流路与参比流路之间液体的折光指数差值，并由电脑软件记录保留时间与检测器信号数据，流出液最终进入废液保存罐。

（2）微量天平：精度为 1 mg。

（3）容量瓶：10 mL。

（4）一次性注射器：2.5 mL。

（5）微孔滤头：滤径 0.45 μm。

（6）离心管：0.5 mL。

（7）微量注射器：100 μm。

4.5 实验方法

1. 试样准备

（1）样品配制：使用微量天平称取 20 mg 的样品放入 10 mL 容量瓶，之后用四氢呋喃（与 GPC 试验流动相溶剂为同一批次）加至 10 mL 刻度处，静置溶解 12 h。

（2）样品取样：样品溶液溶解完毕后，将其轻轻摇匀，使用 2.5 mL 一次性注射器抽取约 1 mL 溶液，在注射器顶部安装 0.45 μm 微孔滤头，用手推挤注射器活塞，将过滤后的溶液收集在 0.5 mL 的离心管中备用。

2. 实验步骤

（1）开机：设置柱温箱内部温度和外部温度均为 35 ℃，流速为 1 mL/min，打开冲洗模式，开启基线监测模式。

（2）样品注入：待 GPC 基线走平后，关闭冲洗模式；在计算机软件中输入样品名等参数并点击确定进样，将进样阀向左旋转至“Inject”位置；使用 100 μm 微量注射器从离心管中抽取样品溶液，通过快速上推的方法排除注射器顶部的气泡，将进样注射器插入进样器内并插到底，然后进样；进样结束后迅速将进样阀拨至“Load”位置，此时，电脑软件状态栏中显示“单进样正在运行”。

（3）数据保存：GPC 分离实验结束后，保留时间和检测器信号数据由电脑软件自动保存。

通过对实验数据进行整理和分析，得到样品的重均分子量、数均分子量和分散度等参数。

4.6 实验结果整理及报告要求

（1）认真完成实验报告，书写工整。

（2）根据对实验过程的理解，回答思考题。

4.7 思考题

（1）凝胶渗透色谱分析仪的主要组成。

（2）简述凝胶渗透色谱分析的测试原理。

（3）理解重均分子量、数均分子量和分散度表征的物理意义。

实验 5　傅里叶变换红外光谱仪

5.1　实验的相关知识点

（1）傅里叶变换红外光谱仪的工作原理。
（2）吸收率、透过率。
（3）官能团。

5.2　实验目的

通过傅里叶变换红外（Fourier Transform Infrared，FTIR）光谱分析，得到样品吸收率（或透过率）图谱，根据图谱分析样品是否含有特定的官能团。

5.3　实验内容

FTIR 光谱分析是使用连续波长的红外光源照射样品，样品中的分子会吸收某些波长的光，从而在红外光谱图中出现吸收峰。不同结构的分子所吸收的光的波长不同，所以会出现不同的吸收峰。某一波长的光被吸收得越多，吸收峰越强。FTIR 光谱分析可用于定性比较样品差别或鉴定样品中是否存在某分子结构，或定量比较不同样品之间的差异。

5.4　实验的主要仪器设备和其他材料

傅里叶变换红外光谱仪由 BRUKER 公司生产，型号为 TENSOR27，测试扫描范围为 7 500～400 cm^{-1}，分辨率为 0.5 cm^{-1}，吸收精度为 0.01%，仪器如图 5-1 所示。

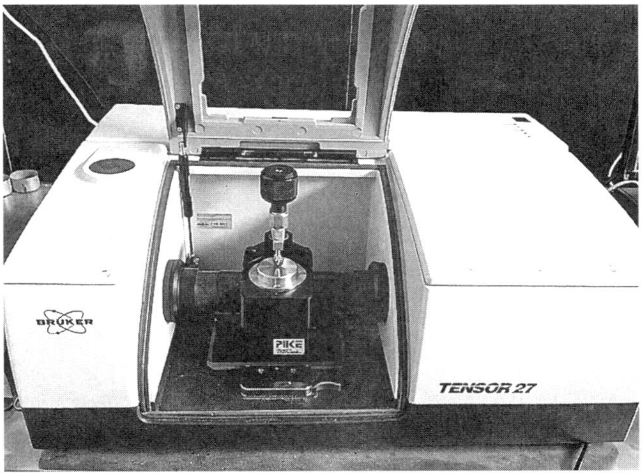

图 5-1　傅里叶变换红外光谱仪

5.5 实验方法

1. 试样准备

(1) 准备好需要测试的样品。

(2) 检测实验室湿度,要求室内环境湿度小于50%。

2. 实验步骤

(1) 开机,安装好仪器附件,进行仪器调试。

(2) 不安装样品,先对空气进行扫描;之后安装样品,对样品进行扫描;前后两次扫描结果之差即为样品的红外光谱扫描结果,为样品在不同波数下的吸收率(或透过率)图谱,采用OPUS软件对图谱进行分析,了解样品是否包含特定的官能团。

5.6 实验结果整理及报告要求

(1) 认真完成实验报告,书写工整。

(2) 根据对实验过程的理解,回答思考题。

5.7 思考题

(1) 傅里叶变换红外光谱仪的测试原理。

(2) 简述傅里叶变换红外光谱仪的应用范围。

实验 6　动态剪切流变试验

6.1　实验的相关知识点

（1）动态剪切流变仪（Dynamic Shear Rheometer，DSR）的基本组成。

（2）复数剪切模量 G^*、相位角 δ、车辙因子 $G^*/\sin\delta$ 和疲劳因子 $G^*\cdot\sin\delta$。

6.2　实验目的

动态剪切流变仪是测试沥青流变性能的重要仪器，通过动态剪切流变试验可以测试沥青的复数剪切模量 G^*、相位角 δ、车辙因子 $G^*/\sin\delta$ 和疲劳因子 $G^*\cdot\sin\delta$。了解动态剪切流变试验的工作原理，明晰各评价指标的物理意义及其所表征的沥青性能。

6.3　实验内容

沥青性能评价体系大致经历了针入度分级、黏度分级和 PG 性能分级三个发展阶段。在我国应用比较广泛的是针入度分级，而最能表征沥青性能的是 PG 性能分级。动态剪切流变仪可用来确定沥青的 PG 分级，通过测试原样沥青、薄膜加热老化（或旋转薄膜加热老化）后沥青和压力老化后沥青的复数剪切模量 G^* 和相位角 δ，经计算，得到车辙因子 $G^*/\sin\delta$ 和疲劳因子 $G^*\cdot\sin\delta$，最终确定沥青的 PG 高温分级等级。

6.4　实验的主要仪器设备和其他材料

动态剪切流变仪由平行金属板、环境室、温度控制器、加载设备、控制和数据采集系统组成，其基本原理如图 6-1 所示。

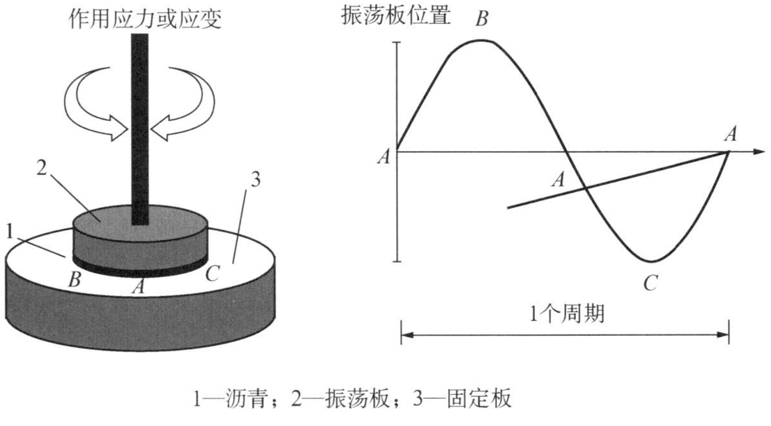

1—沥青；2—振荡板；3—固定板

(a) 加载示意图　　(b) 正弦波加载

图 6-1　动态剪切流变仪基本原理

1. 试验板

试验板为两种规格的表面光滑的金属板。其中，一块金属板的直径为(25±0.05) mm，另一块金属板的直径为(8±0.05) mm。

2. 环境室

环境室是试验时用来控制试件的温度，通过加热或冷却从而维持一个恒定的试验环境。环境室中加热或冷却试件的介质应为不影响沥青性质的液体或气体。

3. 温度控制器

在 5～85 ℃范围内可将试件温度控制在试验温度的±0.1 ℃内。

4. 加载设备

可以向试件施加角速度 1～20 rad/s±0.1 rad/s 的正弦振荡荷载。加载方式可采用应力控制荷载或应变控制荷载。

5. 控制和数据采集系统

控制和数据采集系统可记录温度、频率、偏转角和扭矩等。

6.5 实验方法

1. 试样准备

加热沥青至足够流动状态用来浇注试件，基质沥青的加热温度不宜高于 135 ℃，改性沥青的加热温度不超过 163 ℃。在加热过程中给样品加盖，并适当进行搅拌以保证样品的均匀性，同时赶走气泡。

选择合适的试验板，具体是原样沥青和薄膜加热老化(或旋转薄膜加热老化)后沥青选择直径为 25 mm 的金属板，压力老化后沥青选择直径为 8 mm 的金属板。

打开仪器、温度控制装置、加载和数据采集系统，安装好试验板，对仪器进行校准，具体包括：仪器几何测头惯量校准、旋转映射校准和间歇归零校准。

2. 实验步骤

(1) 对实验程序进行确认，具体包括：确定测试温度、加载频率及加载应变(或应力)。

(2) 安装沥青试件，在高于测试高度 50 μm 下刮样(对于 25 mm 的平行板，试件高度为 1 050 μm；对于 8 mm 的平行板，试件高度为 2 050 μm)，然后下降到测试高度，开始测试。

6.6 实验结果整理及报告要求

记录试件的复数剪切模量和相位角，同时记录试验板的直径、实验间隙、实验温度、加载频率和加载应变(或应力)。

6.7 思考题

(1) 简述动态剪切流变仪的基本组成。

(2) 复数剪切模量和相位角的物理意义是什么？

(3) 选择 25 mm 或 8 mm 试验板的依据是什么？

(4) 在高于测试高度 50 μm 下刮样，如果不刮模，将对复数剪切模量和相位角有怎样的影响？

实验 7　弯曲梁流变试验

7.1　实验的相关知识点

（1）弯曲梁流变仪(Bending Beam Rheometer，BBR)的基本组成。

（2）弯曲蠕变劲度 S，蠕变曲线斜率 m。

7.2　实验目的

弯曲梁流变仪是测试沥青低温性能的重要仪器，通过弯曲梁流变试验，可以测试沥青的弯曲蠕变劲度 S 和蠕变曲线斜率 m。了解弯曲梁流变试验的工作原理，明晰各评价指标的物理意义及其所表征的沥青性能。

7.3　实验内容

在沥青低温性能评价指标中，我国常用的是延度指标，国际上比较公认的是 PG 低温性能分级温度。弯曲梁流变试验是用来确定沥青 PG 低温分级温度的，具体测试压力老化后沥青的弯曲蠕变劲度 S 和蠕变曲线斜率 m，根据 S 和 m 的值来确定沥青的 PG 低温分级等级。

7.4　实验的主要仪器设备和其他材料

1. 弯曲梁流变仪试验系统

弯曲梁流变仪试验系统由以下几部分组成：带有试件支架的加载框、将试件保持在试验温度下并提供浮力以抵消试件重力的恒温浴、计算机控制和数据自动采集系统元件、试样梁模具、检验和校正系统的梁，如图 7-1 所示。

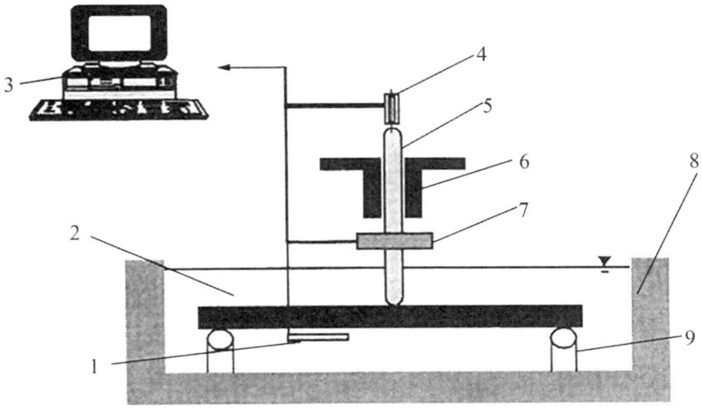

1—温度传感器；2—沥青试件；3—控制与数据采集；4—位移传感器；5—加载轴；6—空气轴承；7—荷载传感器；8—水槽；9—试件支架

图 7-1　弯曲梁流变仪示意

（1）加载框由试件支架、加载轴、荷载传感器、荷载调零装置、加载装置及位移测量传感器等组成。

（2）加载系统能向试件施加(35±10) mN的接触荷载，在试验过程中将试验荷载保持在(980±50) mN以内。

（3）温度传感器：测量范围为−36～0 ℃，精确至±0.1 ℃。

（4）恒温浴：在−36～0 ℃范围能将浴内温度保持在试验温度±0.1 ℃。

（5）数据采集系统分辨率：最小荷载为2.5 mN，最小形变为2.5 μm和最小恒温浴内温度变化为±0.1 ℃。当接触荷载转换到试验荷载信号被激活时，数据采集系统将及时感受该点。数据采集系统将记录8 s，15 s，30 s，60 s，120 s和240 s时的荷载和形变。

（6）试件模具：材料为铝板或不锈钢（也可用硅橡胶）。模具内部尺寸：长(127±2.0) mm、厚(6.35±0.05) mm、宽(12.7±0.05) mm。图7-2为试件成型示意图。

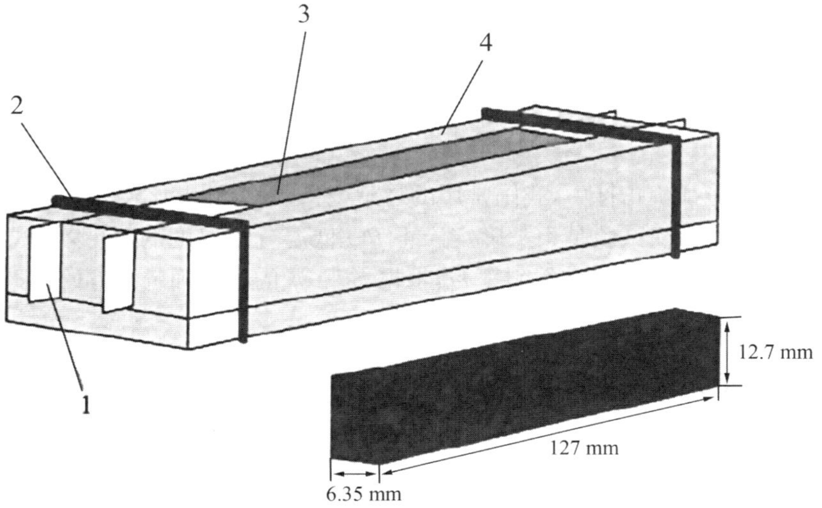

1—醋酸盐塑料；2—O形橡胶圈；3—沥青样品；4—铝模

图7-2 试件成型示意(铝板)

（7）不锈钢(厚)梁：长(127±2) mm、宽(12.7±0.1) mm、厚(6.35±0.1) mm；不锈钢(薄)梁：长(127±0.5) mm、宽(12.7±0.1) mm、厚1.0～1.6 mm。

2. 其他材料

（1）标准砝码：通常需要4个，每个质量为(100.0±0.2) g，用于BBR荷载传感器的标定。

（2）标准温度计：分度值0.1 ℃的浸入式玻璃液体温度计，用于检查温度传感器的温度。

（3）塑料片：厚度为0.08～0.15 mm的干净塑料片，塑料片不会因热沥青的作用而变形。

（4）丙三醇-滑石粉混合物：用作金属模具内端面上的隔离剂，可用20%的丙三醇和80%的滑石粉拌和制备。

（5）恒温浴液体：不被沥青吸附且不影响沥青性质的溶液。液体在试验温度下的相对密度应不超过 1.05，合适的恒温浴液体包括乙醇、甲醇、稳定的异丙醇、丙三醇-甲醇-水的混合液。

7.5　实验方法

1. 试样准备

（1）金属模具准备：将模具清理干净，在模具的内表面涂一层石油基润滑脂，用润滑脂将塑料片平粘到金属上。在两个端件的内表面涂一层丙三醇和滑石粉的混合物，以防止沥青粘到金属端件上。用 O 形橡胶圈将模件紧紧捆在一起。

（2）试件的制备：将沥青加热到流动状态，将沥青从模具的一端向另一端来回浇注，使沥青略高出模具。将倒满沥青的模具在室温下冷却 45～60 min。冷却至室温后，用热刀切掉并切平高出模具顶端的沥青样品。

（3）试件的存放和脱模：将含试件的金属模放在水浴中冷却，冷却温度宜采用（−5±5）℃，冷却时间为 5～10 min。在脱模过程中，小心拿好试件，不要让试件变形。

（4）设定试验温度，恒温保持在±0.1 ℃。

2. 实验步骤

（1）打开软件。设定试验温度，试验前将温度恒温保持在试验温度±0.1 ℃。打开空气轴承，用荷载调节器调节加载轴，使它在垂直路径约中间点处自由漂浮。

（2）调节负载设置：将厚 6.35 mm 的不锈钢梁放在支架上。调节相关按钮，使接触荷载达到（35±10）mN，相应的初始试验荷载应为（980±50）mN。

（3）系统检查：在每次试验前，将厚度为 1.0～1.6 mm 的不锈钢（薄）梁放在样品支架上，按程序要求测定薄梁模量，该模量值应在薄梁模量的标准值范围内。

（4）温度传感器的检查：当试验温度改变时，用标准温度计显示的温度与数据采集系统显示的温度进行比较，数据采集系统显示的温度与标准温度计显示的温度之差应该在±0.1 ℃内。

（5）实验测试：脱模后立即将试件放入达到试验温度的恒温浴中，且保持（60±5）min。将试件资料、试验荷载、试验温度等有关信息输入计算机。

（6）向试件手动施加一个（35±10）mN 的接触荷载，施加荷载的时间不能超过 10 s，且保证试件和荷载头之间的接触。激活自动试验系统，加载过程如下：

① 在（1±0.1）s 内施加（980±50）mN 的初始荷载。

② 将荷载减小到（35±10）mN，维持（20±1）s。

③ 施加试验荷载（980±50）mN，维持 240 s。计算机将从 0.5 s 起，以 0.5 s 的时间间隔自动记录并计算荷载及形变值。

④ 卸去试验荷载并返回到（35±10）mN 的接触荷载。

⑤ 从支架上移走试件，进行下一个试验。

7.6　实验结果整理及报告要求

在 8 s，15 s，30 s，60 s，120 s 和 240 s 时分别记录如下内容：

（1）施加荷载的时间，精确至 0.1 s。

（2）试验荷载，精确至 1 mN。

(3) 试件的形变量,单位为 mm,精确至 1 μm。

(4) 测量得到的劲度模量,单位为 MPa,取 3 位有效数字。

(5) m 值,精确至 0.001。

7.7 思考题

(1) 简述弯曲梁流变仪的基本组成。

(2) 弯曲蠕变劲度 S 和蠕变曲线斜率 m 的物理意义。

第2篇　验证型实验

实验8　土的密度实验(环刀法)

8.1　实验的相关知识点

(1) 土的密度的物理意义。

(2) 采用环刀法测试土的湿密度。

8.2　实验目的

通过测定土的密度，了解土的疏密和干湿状态，为换算土的其他物理性质以及进行工程设计和施工质量控制提供基础数据。

8.3　实验内容

土的密度是指土的单位体积质量，是土的基本物理性质指标之一，其单位为 g/cm^3。土的密度一般是指土的湿密度 ρ，除此之外，还有土的干密度 ρ_d、饱和密度 ρ_{sat} 和有效密度 ρ'。学习采用环刀法测试土的密度。

8.4　实验的主要仪器设备和其他材料

(1) 环刀：内径 6.18 cm，面积 30 cm^2，高 20 mm，壁厚 1.5 mm。

(2) 电子天平：称量 500～600 g，分度值 0.01 g。

(3) 修土刀、钢丝锯、毛玻璃和圆玻璃片等。

8.5　实验方法

1. 试样准备

按工程需要取原状土试样或制备所需状态的扰动土试样，整平其两端，将环刀内壁涂一薄层凡士林，刃口向下放在试样上。用切土刀(或钢丝锯)将土样削成略大于环刀直径的土柱，然后将环刀垂直下压，边压边削至土样伸出环刀为止。将两端余土削去修平，取剩余的代表性土样测定含水率。

2. 实验步骤

擦净环刀外壁，称量环刀加湿土质量 m_1，精确至 0.1 g，记录在表 8-1 的第(1)列；称量

环刀质量 m_0，精确至 0.1 g，记录在表 8-1 的第(2)列。

表 8-1 土的密度实验原始数据记录

编号	环刀加湿土质量 m_1 /g	环刀质量 m_0 /g	土质量/g	环刀容积/ cm^3	密度/ $(g \cdot cm^{-3})$	平均密度/ $(g \cdot cm^{-3})$
	(1)	(2)	(3)	(4)	(5)	(6)

8.6 实验结果整理及报告要求

土的湿密度按式(8-1)计算，精确至 0.01 g/cm^3。

$$\rho = \frac{m_1 - m_0}{V} \tag{8-1}$$

式中 ρ ——土的湿密度，g/cm^3；

V ——环刀容积，cm^3；

m_1——环刀加湿土质量，g；

m_0——环刀质量，g。

密度实验应进行两次平行测定，两次测定的差值不得大于 0.03 g/cm^3，取两次测量值的算术平均。

8.7 思考题

不同类型的土的密度会有怎样的差异？

实验 9　土的含水率实验(烘干法)

9.1　实验的相关知识点

(1) 土的含水率测试方法。

(2) 土的含水率的物理意义。

9.2　实验目的

掌握含水率的实验测试方法,测定土的含水率,了解土的含水情况。同时,含水率是计算土的孔隙比、液性指数、饱和度及其他物理力学性质不可或缺的基本指标。

9.3　实验内容

土的含水率 w 是土在温度 105～110 ℃下烘到恒重时所失去的水质量与达到恒重后干土质量的比值,以百分数表示。学习采用烘干法测试土的含水率。

9.4　实验的主要仪器设备和其他材料

(1) 烘箱:可采用电热烘箱或温度能保持在 105～110 ℃的其他能源烘箱。

(2) 电子天平:称量 200 g,分度值 0.01 g。

(3) 电子台秤:称量 5 000 g,分度值 1 g。

(4) 其他:干燥器、称量盒、削土刀等。

9.5　实验方法

1. 试样准备

从土样中选取代表性的试样:细粒土 15～30 g,砂类土 50～100 g,砂砾石 2～5 kg。将试样放入称量盒内,立即盖好盒盖,称量 m_1,记录到表 9-1 的第(1)列;细粒土、砂类土称量应精确至 0.01 g,砂砾石称量应精确至 1 g。当使用恒质量盒时,可先将其放置在电子天平或电子台秤上,称其质量 m_0,记录在表 9-1 的第(3)列。

2. 实验步骤

揭开盒盖,将试样和盒放入烘箱,在 105～110 ℃温度下烘至恒量。对黏质土而言,烘干时间不得少于 8 h;对砂类土而言,烘干时间不得少于 6 h;对有机质含量为 5%～10%的土而言,应将烘干温度控制在 65～70 ℃,恒温烘至恒量。

将烘干后的试样和盒取出,盖好盒盖放入干燥器内冷却至室温,称干土质量 m_2,精确至 0.01 g,记录在表 9-1 的第(2)列。

表 9-1　土的含水率实验原始数据记录

<table>
<tr><td rowspan="2">编号</td><td>盒加湿土质量 m_1/g</td><td>盒加干土质量 m_2/g</td><td>盒质量 m_0/g</td><td>水质量/g</td><td>土质量/g</td><td>含水率/%</td><td>平均含水率/%</td></tr>
<tr><td>(1)</td><td>(2)</td><td>(3)</td><td>(4)</td><td>(5)</td><td>(6)</td><td>(7)</td></tr>
<tr><td></td><td></td><td></td><td></td><td></td><td></td><td></td><td rowspan="2"></td></tr>
<tr><td></td><td></td><td></td><td></td><td></td><td></td><td></td></tr>
<tr><td></td><td></td><td></td><td></td><td></td><td></td><td></td><td rowspan="2"></td></tr>
<tr><td></td><td></td><td></td><td></td><td></td><td></td><td></td></tr>
</table>

9.6　实验结果整理及报告要求

土的含水率 ω 按式(9-1)计算，精确至 0.1%。

$$\omega=\frac{m_1-m_2}{m_2-m_0}\times 100\% \tag{9-1}$$

式中　ω ——含水率；

m_1——称量盒加湿土质量，g；

m_2——称量盒加干土质量，g；

m_0——称量盒质量，g。

含水率实验应进行两次平行测定并取两个测量值的算术平均。允许的平行测定为：当含水率小于 10%时为 0.5%；当含水率为 10%～40%时为 1%；当含水率大于 40%时为 2%。

9.7　思考题

不同类型的土质，含水率范围是否会有不同，思考其可能的范围大小。

实验 10　液塑限联合测定法

10.1　实验的相关知识点

（1）土的液限和塑限确定方法。

（2）土的液限指数和塑限指数表征的物理意义。

10.2　实验目的

联合测定土的液限和塑限，用于塑性指数和液性指数的计算以及黏性土的分类，供工程设计和施工使用。

10.3　实验内容

采用液塑限联合测定仪，测得土在不同含水率时的圆锥入土深度，并绘制其关系直线图。根据圆锥仪的圆锥入土深度与其相应的含水率在双对数坐标上具有线性关系的特性，在图上查得圆锥下沉深度为 10 mm(或 17 mm)时所对应的含水率即为液限，圆锥下沉深度为 2 mm 时所对应的含水率为塑限。

10.4　实验的主要仪器设备和其他材料

（1）液塑限联合测定仪应包括带标尺的圆锥仪、电磁铁、显示屏、控制开关和试样杯。圆锥仪质量为 76 g，锥角为 30°；读数显示宜采用光电式、游标式和百分表式。图 10-1 为光电式液塑限联合测定仪示意图。

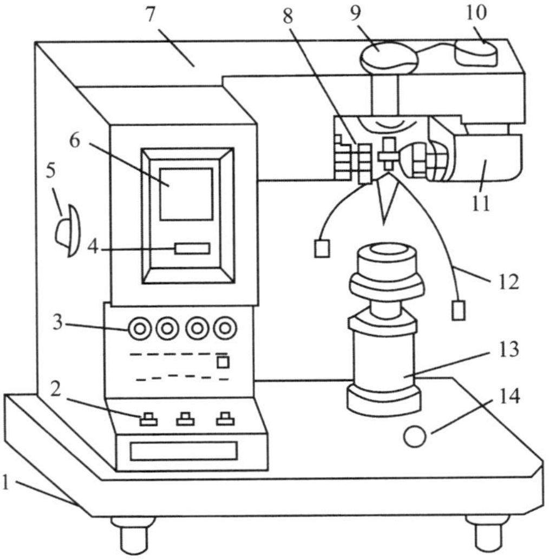

1—水平调节螺丝；2—控制开关；3—指示灯；4—零线调节螺丝；5—反光镜调节螺丝；6—屏幕；7—机壳；8—物镜调节螺丝；9—电磁装置；10—光源调节螺丝；11—光源；12—圆锥仪；13—升降台；14—水平泡

图 10-1　光电式液塑限联合测定仪示意

(2) 试样杯：内径 40～50 mm，高度 30～40 mm。

(3) 电子天平：称量 200 g，分度值 0.01 g。

(4) 筛：孔径 0.5 mm。

(5) 其他：烘箱、干燥器、量盒、调土刀、凡士林等。

10.5 实验方法

1. 试样准备

液塑限联合实验宜采用天然含水率的土样，也可用风干土。当采用天然含水率的土样时，应剔除粒径大于 0.5 mm 的颗粒，再分别按接近液限、塑限和二者的中间状态制备不同稠度的土膏，静置湿润。静置时间可视原含水率的大小而定。

当采用风干土样时，取过 0.5 mm 筛的代表性土样约 200 g，分成 3 份，分别放入 3 个盛土皿中，加入不同数量的纯水，使其分别接近液限、塑限和二者的中间状态的含水率，调成均匀土膏，放入密封的保湿缸中，静置 24 h。

2. 实验步骤

将制备好的土膏用调土刀充分调拌均匀，密实地填入试样杯中，应使空气逸出。高出试样杯的余土用刮土刀刮平，将试样杯放在仪器底座上。取圆锥仪，在锥体上涂以薄层凡士林，接通电源，使电磁铁吸稳圆锥仪。当使用游标式或百分表式液塑限联合测定仪时，提起锥杆，用旋钮固定。

调节屏幕准线，使初读数为零。调节升降座，使圆锥仪锥角接触试样表面，指标灯亮时圆锥在自重下沉入试样内，当使用游标式或百分表式液塑限联合测定仪时，用手扭动旋扭，松开锥杆，经 5 s 后测读圆锥下沉深度。然后，取出试样杯，挖去锥尖入土处的凡士林，取锥体附近的试样不得少于 10 g，放入称量盒内，称量，精确至 0.01 g，测定含水率。

测试其余 2 个试样的圆锥下沉深度和含水率。

10.6 实验结果整理及报告要求

1. 含水率

土的含水率按式(10-1)计算，精确至 0.1%。

$$\omega=\frac{m_1-m_2}{m_2-m_0}\times 100\% \tag{10-1}$$

式中 ω——含水率；

m_1——称量盒加湿土质量，g；

m_2——称量盒加干土质量，g；

m_0——称量盒质量，g。

2. 液限和塑限

以含水率为横坐标，以圆锥下沉深度为纵坐标，在双对数坐标纸上绘制关系曲线。三点连一直线(图 10-2 中的 A 线)。当三点不在一条直线上时，通过高含水率的一点与其余两点连成两条直线，在圆锥下沉深度为 2 mm 处查得相应的含水率，当两个含水率的差值小于 2%时，应以该两点含水率的平均值与高含水率的点连成一直线(图 10-2 中的 B 线)。当两个含水率的差值大于 2%时，应补做实验。

通过圆锥下沉深度与含水率关系图，查得下沉深度为 17 mm 所对应的含水率为 17 mm液限，下沉深度为 10 mm 所对应的含水率为 10 mm 液限，下沉深度为 2 mm 所对应的含水率为塑限，以百分数表示，精确至 0.1%。

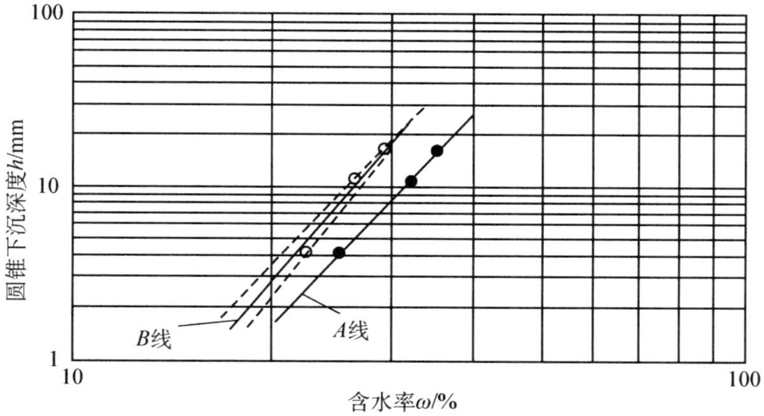

图 10-2　光电式液塑限联合测定仪示意

3. 塑性指数

塑性指数按式(10-2)计算，精确至 0.01。

$$I_P = \omega_L - \omega_P \tag{10-2}$$

式中　I_P——塑性指数，无量纲；

ω_L——液限；

ω_P——塑限。

4. 液性指数

液性指数按式(10-3)计算，精确至 0.01。

$$I_L = \frac{\omega_0 - \omega_P}{\omega_L - \omega_P} \tag{10-3}$$

式中　I_L——液性指数，无量纲；

ω_0——含水率。

10.7　思考题

土的液限、塑限、液性指数和塑性指数分别表征的物理意义。

实验 11 固 结 实 验

11.1 实验的相关知识点

(1) 标准固结实验的测试方法。

(2) 快速固结实验的测试方法。

(3) 先期固结压力的确定方法。

(4) 固结系数的测试方法。

11.2 实验目的

掌握土的固结实验测试方法,通过该实验测定土的压缩系数 a_v、压缩模量 E_s、体积压缩系数 m_v、压缩指数 C_c、回弹指数 C_s、竖向固结系数 C_v、水平向固结系数 C_H 以及先期固结压力 p_c。

11.3 实验内容

在外界荷载作用下,土体内的水和空气逐渐被挤出,土的骨架颗粒之间相互挤紧,封闭气泡的体积缩小,从而引起土层的压缩变形。固结实验是将天然状态下原状土样或人工制备的扰动土制备成一定规格的土样,然后置于固结仪内,在不同荷载和完全侧限条件下测定土的压缩变形。

根据工程需要,可以进行如下不同的固结实验:

(1) 标准固结实验:以 24 h 作为固结稳定条件。

(2) 快速固结实验:砂性土固结时间为 1 h,黏性土固结时间宜为 2 h,然后施加下一级荷重。最后一级荷重延长至 24 h,并以等比例综合固结度进行修正。

(3) 先期固结压力的确定:最后一级荷重,应大于估算先期固结压力或自重压力的 5 倍以上。

(4) 固结系数的测定:水平向固结系数与竖向固结系数的测定主要在于排水方向不同。

11.4 实验的主要仪器设备和其他材料

1. 固结仪

固结仪如图 11-1 所示。土样面积为 30 cm^2 或 50 cm^2,土样高度为 2 cm,固结压力应满足 12.5 kPa, 25 kPa, 50 kPa, 100 kPa, 200 kPa, 400 kPa, 800 kPa, 1 600 kPa, 3 200 kPa 等加荷等级,杠杆比为 1∶10,或用气压式固结仪。

2. 测微表

最大量程为 10 mm、最小分度值为 0.01 mm 的百分表,也可采用位移传感器或数字显示仪表。

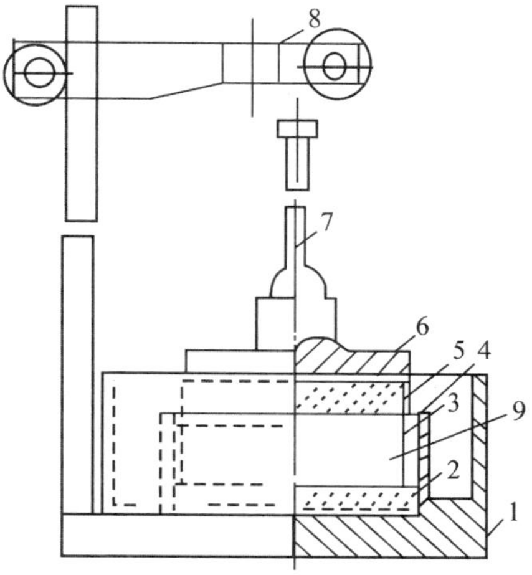

1—水槽；2—护环；3—环刀；4—加压上盖；
5—透水石；6—量表导杆；7—量表架；8—试样

图 11-1 固结仪示意

3. 其他

毛玻璃板、圆玻璃板、滤纸、切土刀、钢丝锯和凡士林(或硅油)等。

11.5 实验方法

1. 试样准备

按工程需要选择面积为 30 cm^2 或 50 cm^2 的切土环刀，环刀内侧涂上一层薄薄的凡士林或硅油，刀口应向下放在原状土或人工制备的扰动土上，切取原状土样时应与天然状态时垂直方向一致。

小心地边压边削，注意避免环刀偏心入土，使整个土样进入环刀并凸出环刀为止，然后用钢丝锯(软土)或用修土刀(较硬的或硬土)，将环刀两侧余土修平，擦净环刀外壁。

测定土样密度，并在余土中取代表性土样测定其含水率，用圆玻璃片将环刀两端盖上，防止水分蒸发。

2. 实验步骤

在固结仪的固结容器内装上切土环刀(刀口向下)，土样两端应贴上洁净而湿润的滤纸，再用提环螺丝将导环置于固结容器上，然后放上透水石和传压活塞以及定向钢球。

将装有土样的固结容器，准确地放在加荷横梁的中心，如杠杆加荷式固结仪，应调整杠杆平衡，为保证试样与容器上下各部件之间接触良好，应施加 1 kPa 预压荷载；如采用气压式固结仪，可按规定调节气压力，使之平衡，同时使各部件之间密合。

调整百分表至"0"读数，当采用传感器时，调整初读数，按工程需要确定加荷等级、测定项目以及实验方法。

加荷等级可用 12.5 kPa，25 kPa，50 kPa，100 kPa，200 kPa，400 kPa，800 kPa，1 600 kPa，3 200 kPa。当需要做回弹实验时，回弹荷重可由超过自重应力或超过先期固结压力的下一级荷重依次卸荷直至 25 kPa，然后再依次加荷，一直加至最后一级荷重为止。

实验方法原则上以 24 h 作为施加一级荷重、卸荷和再加荷的时间。如果由于工期紧迫,需缩短实验周期,也可以选择快速实验法,并以综合固结度法给予修正。

当要预估建筑物对于时间与变形(沉降)的关系需测定竖向固结系数 C_v 时,或对于层理构造明显的软土需测定水平向固结系数 C_H 时,应在某一级荷重下测定时间与变形的关系。读数时间可按 6 s, 15 s, 1 min, 2 min 15 s, 9 min, 12 min 15 s, 16 min, 20 min 15 s, 25 mim, 30 min 15 s, 36 min, 42 min 15 s, 49 min, 64 min, 100 min, 200 min, 400 min, 23 h, 24 h。当测定 C_H 时,须具备水平向固结的径向多孔环,环的内壁与土样之间应贴有滤纸。

当实验结束时,应先排除固结容器内的水分,然后拆除容器内各部件,取出带环刀的土样,必要时,揩干试样两端和环刀外壁上的水分,测定实验后的密度和含水率。

当土样处于地下水位以下或需要浸水时,在试样受第一级荷重后,应注水浸没,而对于非饱和土样,须用湿棉纱或湿海绵覆盖在容器上面,避免水分蒸发。

11.6 实验结果整理及报告要求

1. 初始孔隙比 e_0

试样的初始孔隙比 e_0 按式(11-1)计算:

$$e_0=\frac{G_s(1+0.01\omega)\rho_w}{\rho_0}-1 \tag{11-1}$$

式中 e_0——初始孔隙比,无量纲;

G_s——土粒比重,无量纲;

ω——初始含水率;

ρ_w——水的密度,g/cm³;

ρ_0——初始湿密度,g/cm³。

2. 颗粒(骨架)净高 h_s

试样的颗粒(骨架)净高 h_s 按式(11-2)计算:

$$h_s=\frac{h_0}{1+e_0} \tag{11-2}$$

式中 h_s——颗粒净高,mm;

h_0——土样初始高度(环刀高度),mm。

3. 某一级荷重下稳定后土的孔隙比 e_i

在标准固结实验和快速固结实验中,某一级荷重下稳定后土的孔隙比 e_i 按式(11-3)和式(11-4)计算:

$$\left.\begin{aligned} e_i&=e_0-\frac{\sum\Delta h_i}{h_s}\\ k&=\frac{(\Delta e_n)_T}{(\Delta e_n)_t}\end{aligned}\right\} \tag{11-3}$$

$$\left.\begin{aligned} e_i &= e_0 - k \cdot \frac{\sum \Delta h_i}{h_s} \\ k &= \frac{\left(\sum \Delta h_n\right)_T}{\left(\sum \Delta h_n\right)_t} \end{aligned}\right\} \tag{11-4}$$

式中　e_i ——某一级荷重下稳定后土的孔隙比，无量纲；

$\sum \Delta h_i$ ——某一级荷重下土样的变形量$(R_0 - R_i)$，mm；其中，$R_0 - R_i$ 为百分表初读数减去某一级荷重下的百分表读数；

k ——校正系数，无量纲；

$(\Delta e_n)_T$ ——最后一级荷重下 24 h 的孔隙比缩减量；

$(\Delta e_n)_t$ ——最后一级荷重下快速固结时的孔隙比缩减量；

Δe_n ——任意一级荷重下孔隙比缩减量，$\Delta e_n = \sum \Delta h / h$；

$\left(\sum \Delta h_n\right)_T$ ——最后一级荷重下 24 h 的变形量，mm；

$\left(\sum \Delta h_n\right)_t$ ——最后一级荷重下快速固结时土的变形量，mm。

4. 压缩系数 a_v

压缩系数 a_v 按照式(11-5)计算：

$$a_v = \frac{e_i - e_{i+1}}{p_{i+1} - p_i} \tag{11-5}$$

式中　e_{i+1}——某一级荷重下(下一级)的孔隙比，无量纲；

p_i ——某一级荷重值(应力)，kPa；

p_{i+1}——对应于 e_{i+1} 的荷重值(应力)，kPa。

5. 单位沉降量 S_i

单位沉降量 S_i 按照式(11-6)计算：

$$S_i = \frac{\sum \Delta h_i}{h_0} \times 10^3 \tag{11-6}$$

式中，S_i 为单位沉降量，mm/m。

6. 压缩模量 E_s

压缩模量 E_s 按照式(11-7)或式(11-8)计算：

$$E_s = \frac{1 + e_i}{a_v} \tag{11-7}$$

$$E_s = \frac{p_{i+1} - p_i}{S_{i+1} - S_i} \times 10^3 \tag{11-8}$$

7. 体积压缩系数 m_v

体积压缩系数 m_v 按照式(11-9)计算：

$$m_v = \frac{1}{E_S} = \frac{a_v}{1+e_i} \tag{11-9}$$

8. 压缩指数 C_c

压缩指数 C_c 是 e-lg p 曲线直线段的斜率，按照式(11-10)计算：

$$C_c = \frac{e_i - e_{i+1}}{\lg p_{i+1} - \lg p_i} \tag{11-10}$$

9. 回弹指数 C_s

回弹滞回端点连线的斜率即为回弹指数 C_s，按照式(11-11)计算：

$$C_s = \frac{e_i - e_{i+1}}{\lg p_{i+1} - \lg p_i} \tag{11-11}$$

10. 竖向固结系数 C_v

竖向固结系数 C_v 按照式(11-12)或式(11-13)计算：

$$C_v = \frac{0.848H^2}{t_{90}} \tag{11-12}$$

$$C_v = \frac{0.197H^2}{t_{50}} \tag{11-13}$$

式中 H ——渗径(排水距离)，cm；

t_{90}——固结度 90%的时间，s；

t_{50}——固结度 50%的时间，s。

11. 水平向固结系数 C_H

水平向固结系数 C_H 按照式(11-14)计算：

$$C_H = \frac{0.335R^2}{t_{90}} \tag{11-14}$$

式中，R 为径向渗径(环刀的半径)，cm。

11.7 思考题

土的压缩系数 a_v、压缩模量 E_s、体积压缩系数 m_v、压缩指数 C_c、回弹指数 C_s、竖向固结系数 C_v、水平向固结系数 C_H 以及先期固结压力 p_c 的物理意义。

实验 12　击实实验

12.1　实验的相关知识点

(1) 击实实验测试方法。

(2) 轻型击实实验和重型击实实验。

(3) 最佳含水率。

12.2　实验目的

掌握标准击实实验测试方法，通过对击实实验数据的整理和分析，得到土样的最大干密度和最佳含水率。

12.3　实验内容

击实实验分轻型击实和重型击实两种，采用不同的击实方式成型土样，测定不同含水率下土样的干密度和含水率。

12.4　实验的主要仪器设备和其他材料

(1) 标准击实仪：由击实筒、击锤和护筒组成，如图 12-1 和图 12-2 所示，其尺寸应符合表 12-1 的规定。击实仪的击锤应配导筒，击锤与导筒间应有足够的间隙使锤能自由下落。

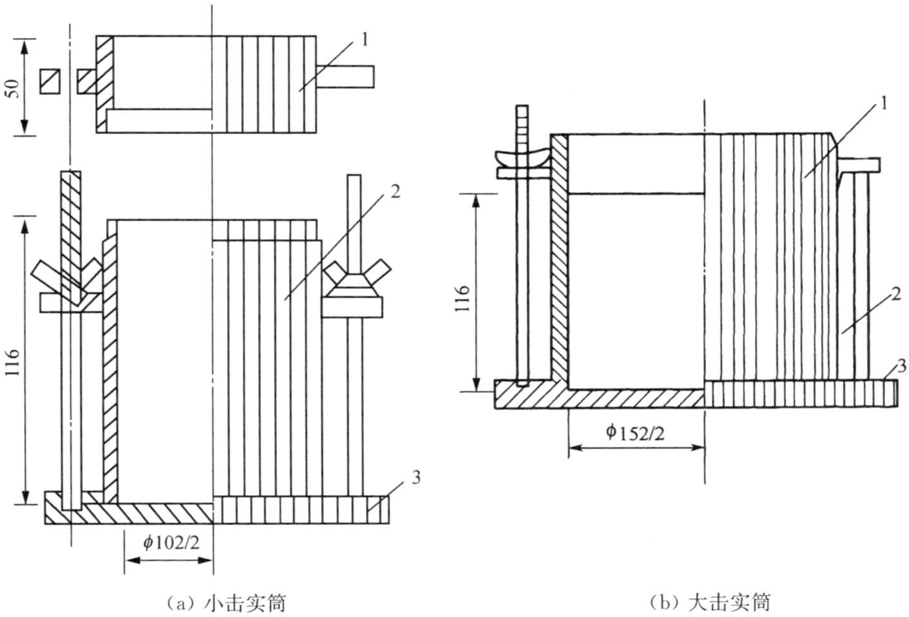

(a) 小击实筒　　(b) 大击实筒

1—护筒；2—击实筒；3—底板

图 12-1　击实筒(单位：mm)

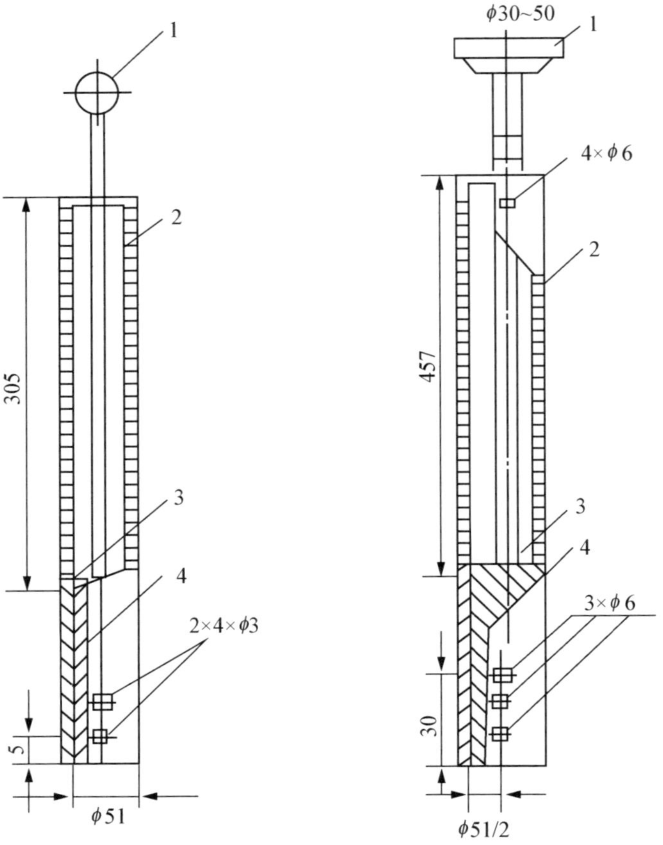

(a) 2.5 kg 击锤(落高 305 mm)　　(b) 4.5 kg 击锤(落高 457 mm)

1—提手；2—导筒；3—硬橡皮垫；4—击锤

图 12-2　击锤和导杆(单位:mm)

表 12-1　击实实验方法种类

<table>
<tr><th rowspan="2">实验方法</th><th rowspan="2">锤底直径/mm</th><th rowspan="2">锤质量/kg</th><th rowspan="2">落高/mm</th><th rowspan="2">层数</th><th rowspan="2">每层击数</th><th colspan="3">试筒尺寸</th><th rowspan="2">护筒高度/mm</th></tr>
<tr><th>内径/mm</th><th>筒高/mm</th><th>容积/cm³</th></tr>
<tr><td rowspan="2">轻型</td><td rowspan="5">51</td><td rowspan="2">2.5</td><td rowspan="2">305</td><td>3</td><td>25</td><td>102</td><td>116</td><td>947.4</td><td>≥50</td></tr>
<tr><td>3</td><td>56</td><td>152</td><td>116</td><td>2 103.9</td><td>≥50</td></tr>
<tr><td rowspan="3">重型</td><td rowspan="3">4.5</td><td rowspan="3">457</td><td>3</td><td>42</td><td>102</td><td>116</td><td>947.4</td><td>≥50</td></tr>
<tr><td>3</td><td>94</td><td rowspan="2">152</td><td rowspan="2">116</td><td rowspan="2">2 103.9</td><td rowspan="2">≥50</td></tr>
<tr><td>5</td><td>56</td></tr>
</table>

(2) 烘箱及干燥器。

(3) 电子天平:称量 2 000 g,感量 0.01 g;称量 10 kg,感量 1 g。

(4) 标准筛:孔径 20 mm 和 5 mm 各 1 个。

（5）拌和工具：400 mm×600 mm、深 70 mm 的金属盘、土铲。

（6）其他：喷水设备、碾土器、盛土盘、量筒、推土器、铝盒、削土刀、平直尺等。

12.5　实验方法

1．实验准备

试样制备可分为干法制备和和湿法制备两种方法。

1）干法制备方法

用“四分法”取一定量的代表性风干试样（一般不重复使用土样），其中小筒所需土样约为 20 kg，大筒所需土样约为 50 kg，碾散；轻型击实过 5 mm 或 20 mm 筛，重型击实过 20 mm筛，将筛下的土样拌匀，并测定土样的风干含水率；根据土的塑限预估最佳含水率，制备不少于 5 个不同含水率的试样，相邻 2 个试样含水率的差值宜为 2%。每个试样中：小筒约为 2.5 kg，大筒约为 5.0 kg。

将每个试样平铺于不吸水的盛土盘内，按预定含水率用喷水设备往土样上均匀喷洒所需加水量，拌匀并装入塑料袋内或密封于盛土器内静置备用。静置时间为：高液限黏土不少于 24 h，低液限黏土不少于 12 h。

2）湿法制备方法

取天然含水率的代表性土样，其中小筒所需土样约为 20 kg，大筒所需土样约为 50 kg，碾散；轻型击实过 5 mm 或 20 mm 筛，重型击实过 20 mm 筛，将筛下土样拌匀，并测定试样的含水率。分别风干或加水到所要求的含水率，应使制备好的试样水分均匀分布。

2．实验步骤

将击实仪平稳置于刚性基础上，击实筒内壁和底板涂一薄层润滑油，连接好击实筒与底板，安装好护筒。将制备好的试样分 3 层或 5 层倒入击实筒内并将土面整平，分层击实。可采用机械击实，也可以手工击实，手工击实时，应保证击锤自由铅直下落，锤击点均匀分布于土面上；击实次数见表 12-1。击实后每层试样的高度应大致相等，两层交接面的土面应刨毛。

击实完成后，超出击实筒顶的试样高度应小于 6 mm。用修土刀沿护筒内壁削挖后，扭动并取下护筒，测出超高，应取多个测值平均，精确至 0.1 mm。沿击实筒顶细心修平试样，拆除底板。当试样底面超出筒外时，应修平。擦净筒外壁，称量，精确至 1 g。

用推土器从击实筒内推出试样，从试样中心处取 2 个一定量的土料，含细粒土为 15～30 g，含粗粒土为 50～100 g。平行测定土的含水率，称量精确至 0.01 g，两个含水率的最大允许差值应为±1%。

按上述方法对其他含水率的试样进行击实。

12.6　实验结果整理及报告要求

（1）击实后各试样的含水率 ω 按式（12-1）计算，精确至 0.1%。

$$\omega=\left(\frac{m_0}{m_d}-1\right)\times 100\% \tag{12-1}$$

式中　ω——试样含水率；

m_0——制备的不同含水率试样质量，g；

m_d——试样风干后的质量，g。

(2) 击实后各试样的干密度 ρ_d 按式(12-2)计算，精确至 0.001 g/cm³。

$$\rho_d = \frac{\rho}{1 + 0.01\omega} \tag{12-2}$$

式中 ρ_d——干密度，g/cm³；

ρ——湿密度，g/cm³。

(3) 土的饱水率 ω_{sat} 按式(12-3)计算，精确至 0.1%。

$$\omega_{sat} = \left(\frac{\rho_w}{\rho_d} - \frac{1}{G_s}\right) \times 100\% \tag{12-3}$$

式中 ω_{sat}——饱和含水率；

ρ_w——水的密度，g/cm³；

G_s——土粒比重，无量纲。

(4) 以干密度为纵坐标，以含水率为横坐标，绘制干密度与含水率的关系曲线，曲线上峰值点的纵、横坐标分别为最大干密度和最佳含水率。若曲线不能绘出明显的峰值点，应进行补点实验。

12.7 思考题

(1) 最佳含水率只有一个吗？

(2) 影响击实实验结果的因素有哪些？

(3) 轻型击实和重型击实的区别与联系。

实验 13　加州承载比实验

13.1　实验的相关知识点

(1) 加州承载比(California Bearing Ratio，CBR)的确定方法。

(2) 加州承载比(CBR)表征的物理意义。

13.2　实验目的

加州承载比(CBR)是美国加利福尼亚州提出的一种评定基层材料承载能力的实验方法，主要用于土和路面基层、底基层材料强度的评定。

13.3　实验内容

加州承载比(CBR)是材料抵抗局部荷载压入变形的能力表征，以标准碎石的承载能力为标准，采用相对值的百分数表示。具体为基层材料贯入量 2.5 mm(或 5.0 mm)时的压力与标准碎石贯入量 2.5 mm(或 5.0 mm)时的压力的比值，记为 $CBR_{2.5}$(或 $CBR_{5.0}$)。

13.4　实验的主要仪器设备和其他材料

(1) 标准击实仪。试样筒如图 13-1 所示，内径为 152 mm，高为 166 mm；筒内底板上

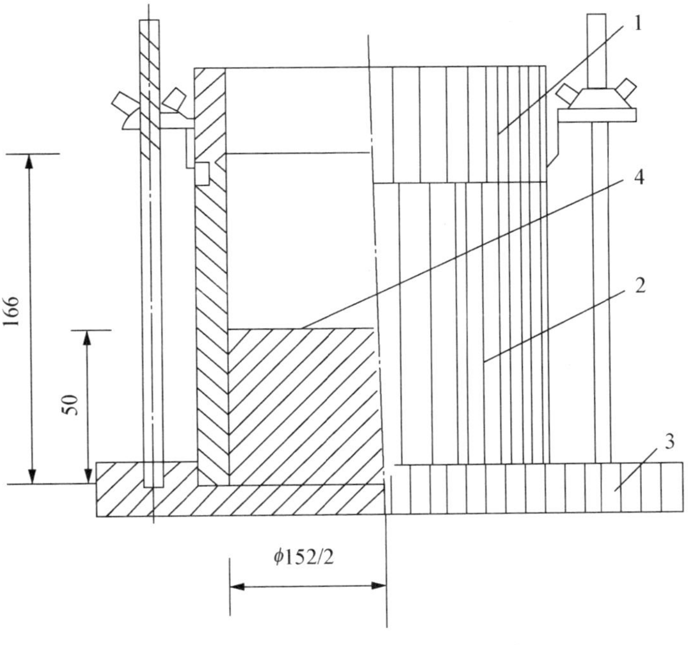

1—护筒；2—试样筒；3—底板；4—垫块

图 13-1　试样筒示意(单位：mm)

放置垫块，垫块直径为 151 mm，高为 50 mm；护筒高度为 50 mm。击锤和导筒：锤底直径为 51 mm，锤质量为 4.5 kg，落距为 457 mm。

（2）贯入仪如图 13-2 所示。加荷和测力设备量程应不低于 50 kN，最小贯入速度应能调节至 1 mm/min；贯入杆的端面直径为 50 mm，杆长 100 mm，杆上应配有安装百分表的夹孔。百分表 2 只，量程分别为 10 mm 和 30 mm，分度值均为 0.01 mm。

（3）膨胀量测定装置由百分表和三脚架组成，如图 13-3 所示。

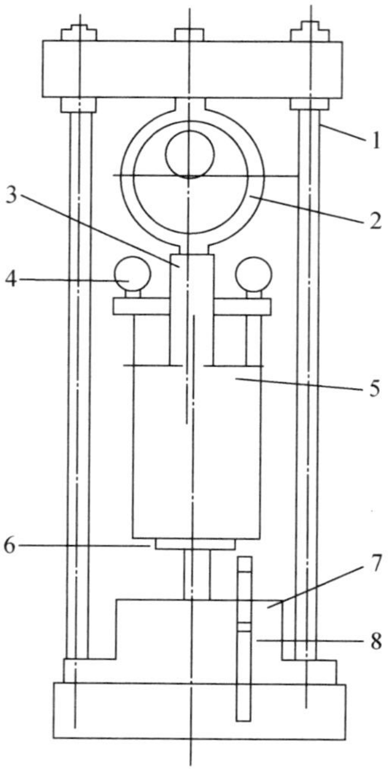

1—框架；2—测力计；3—贯入杆；4—位移计；5—试样；6—升降台；7—蜗轮蜗杆箱；8—摇把

图 13-2 贯入仪示意

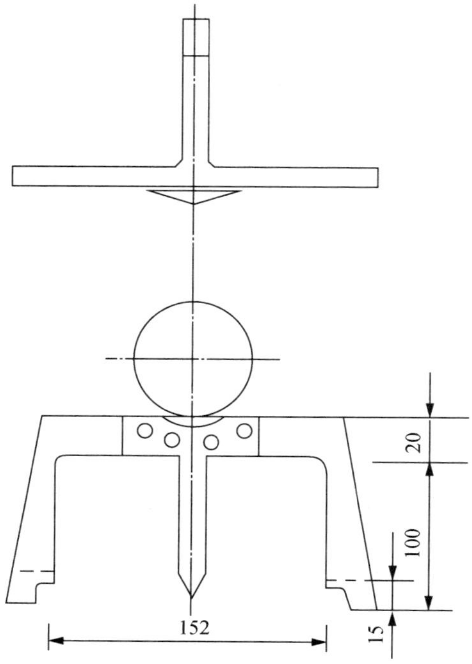

图 13-3 膨胀量测定装置示意(单位:mm)

（4）有孔底板：孔径宜小于 2 mm，底板上应配有可紧密连接试样筒的装置。带调节杆的多孔顶板如图 13-4 所示。

（5）荷载块：直径 150 mm，中心孔直径 52 mm；每对质量 1.25 kg，共 4 对，并沿直径分为两个半圆块，如图 13-5 所示。

（6）标准筛：孔径分别为 20 mm 和 5 mm。

（7）台秤：称量 20 kg，分度值 1 g。

（8）天平：称量 200 g，分度值 0.01 g。

（9）水槽：槽内水面应高出试件顶面 25 mm。

（10）其他：刮刀、修土刀、直尺、量筒、土样推土器、烘箱和盛土盘。

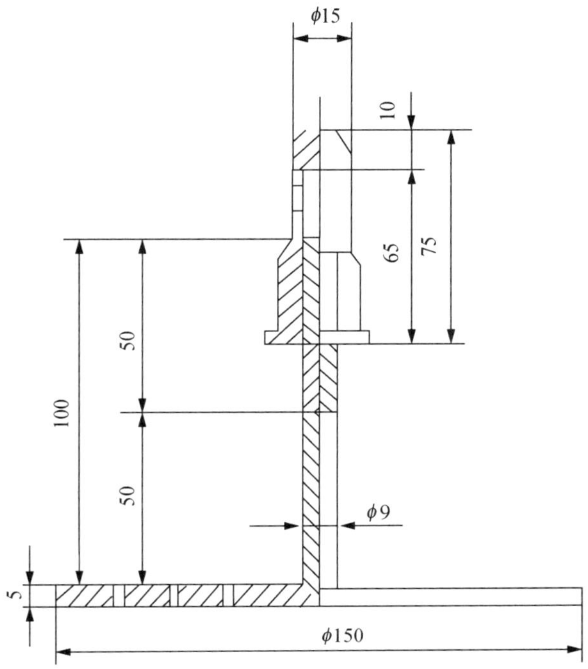

图 13-4　带调节杆的多孔顶板示意(单位:mm)

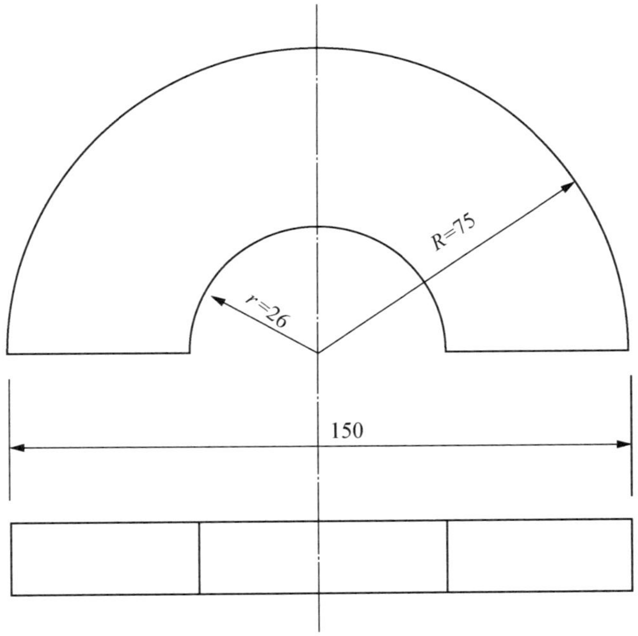

图 13-5　荷载块示意(单位:mm)

13.5 实验方法

1. 实验准备

按照击实实验中重型击实方法准备试样：土样过 20 mm 筛，记录粒径大于 20 mm 颗粒的百分数；根据需要制备试样份数，每份质量约为 6.0 kg，进行重型击实实验，求取最大干密度和最佳含水率。按最佳含水率备料，采用重型击实实验制备 3 个试样，击实完成后，试样超高应小于 6 mm。卸下护筒，沿试样筒顶修平试样，表面不平整处宜用细料修补，取出垫块，称试样筒和试样的总质量 m_1。

2. 实验步骤

1）浸水膨胀实验

将一层滤纸铺于试样表面，放上多孔底板，用拉杆将试样筒与多孔底板固定好；倒转试样筒，取一层滤纸铺于试样的另一表面，并在该面上放置带有调节杆的多孔顶板，再放上 8 块荷载块；将整个装置放入水槽，先不放水，安装好膨胀量测定装置，并读取初读数 H_0。向水槽内缓缓注水，使水自由进入试样的顶部和底部，注水后水槽内水面应保持在荷载块顶面以上约 25 mm；通常试样要浸水 4 d。浸水终了时，读取终读数 H_1。浸水膨胀实验装置如图 13-6 所示。

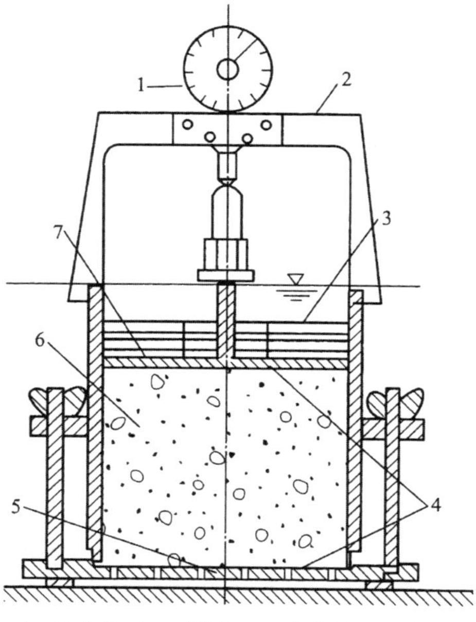

1—百分表；2—三脚架；3—荷载板；4—滤纸；
5—多孔底板；6—试样；7—多孔顶板

图 13-6 浸水膨胀实验装置示意

卸下膨胀量测定装置，从水槽中取出试样，吸去试样顶面的水，静置 15 min 让其排水，卸去荷载块、多孔顶板和多孔底板，取下滤纸，并称试样筒和试样总质量 m_2，计算试样的含水率与密度的变化。

2）贯入实验

将浸水终了的试样放到贯入仪的升降台上，调整升降台的高度，使贯入杆与试样顶面刚好接触，并在试样顶面放上 8 块荷载块；在贯入杆上施加 45 N 的荷载，将测力计量表和测变形的量表读数调整至零点；加荷使贯入杆以 1～1.25 mm/min 的速度压入试样，按测力计内量表的某些整读数(如 20，40，60)记录相应的贯入量，并使贯入量达 2.5 mm 时的读数不得少于 5 个，当贯入量读数为 10～12.5 mm 时，可终止实验。

采用 3 个试样的平行实验，每个试样间的干密度最大允许差值为 ±0.03 g/cm^3。当 3 个试样的实验结果所得承载比的变异系数大于 12%时，去掉一个偏离大的值，最终实验结果取其余 2 个结果的平均值；当变异系数小于 12%时，最终实验结果取 3 个结果的平均值。

13.6　实验结果整理及报告要求

(1) 泡水后试件的吸水量按式(13-1)计算：

$$m_w = m_2 - m_1 \tag{13-1}$$

式中　m_w——泡水后试件的吸水量，g；

m_1——泡水前试件和试筒的质量，g；

m_2——泡水后试件和试筒的质量，g。

(2) 膨胀率 δ_w 按式(13-2)计算：

$$\delta_w = \frac{H_1 - H_0}{H_0} \times 100\% \tag{13-2}$$

式中　δ_w——试件泡水后的膨胀率；

H_1——试件泡水终了的高度，mm；

H_0——试件初始高度，mm。

(3) 绘制单位压力-贯入量关系曲线。以单位压力 p 为横坐标，以贯入量 l 为纵坐标，绘制 p-l 关系曲线，如图 13-7 所示。图上曲线 1 是合适的。曲线 2 开始段是凹曲线，需要进行修正。修正时，在变曲率点引一条切线，与纵坐标交于点 O'，O' 即为修正后的原点。

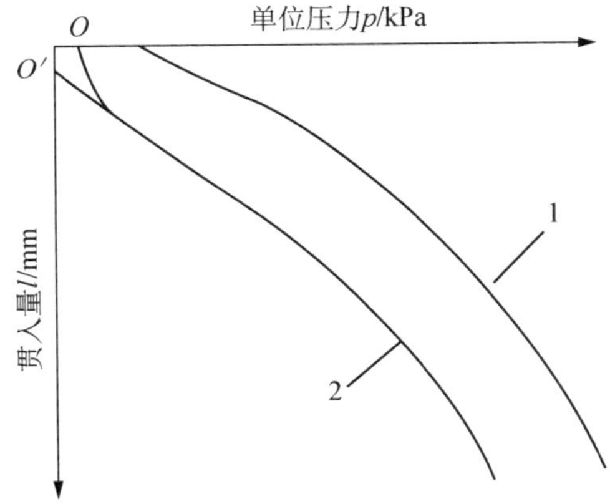

图 13-7　单位压力与贯入量的关系曲线

(4) 贯入量为 2.5 mm 时的承载比 $CBR_{2.5}$ 按式(13-3)计算,7 000 kPa 是贯入量为 2.5 mm时的标准压力。

$$CBR_{2.5}=\frac{p}{7\ 000}\times 100\% \tag{13-3}$$

式中 $CBR_{2.5}$——贯入量为 2.5 mm 时的承载比;

p ——单位压力,kPa。

(5) 贯入量为 5.0 mm 时的承载比 $CBR_{5.0}$ 按式(13-4)计算,10 500 kPa 是贯入量为 5.0 mm时的标准压力。

$$CBR_{5.0}=\frac{p}{10\ 500}\times 100\% \tag{13-4}$$

式中 $CBR_{5.0}$——贯入量为 5.0 mm 时的承载比;

p ——单位压力,kPa。

13.7 思考题

加州承载比实验需要注意哪些问题?

实验 14　刚性承载板法测土基回弹模量实验

14.1　实验的相关知识点

(1) 土基回弹模量。

(2) 回弹变形和总变形。

14.2　实验目的

采用承载板法测定土基回弹模量，用于土基承载能力的评定，也为路面设计提供材料性能参数。

14.3　实验内容

通过承载板对土基逐级加载、卸载，测出每级荷载下相应的土基回弹变形值，通过计算求得土基回弹模量。

14.4　实验的主要仪器设备和其他材料

(1) 反力装置：载重汽车后轴重不小于 60 kN，在汽车大梁的后轴之后设有一加劲横梁作为反力架使用。

(2) 荷载装置由千斤顶、测力计(测力环或压力表)及球座组成，如图 14-1 所示。

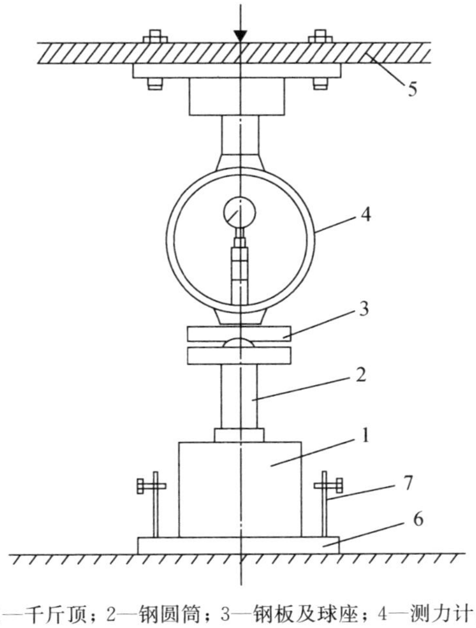

1—千斤顶；2—钢圆筒；3—钢板及球座；4—测力计；
5—加劲横梁；6—承载板；7—立柱及支座

图 14-1　承载板实验现场测试装置示意

(3) 刚性承载板一块,板厚 20 mm,直径为 300 mm,直径两端设有立柱和可以调整高度的支座,供安放贝克曼梁测头用,承载板安放在土基表面上。

(4) 贝克曼梁、百分表及其支架 2 套。

(5) 液压千斤顶一台,80~100 kN,装有压力表或测力环,其量程不小于土基强度,测试精度不小于测力计量程的 1%。

(6) 秒表。

(7) 水平尺。

(8) 其他:细砂、毛刷、垂球、镐、铁锹、铲等。

14.5 实验方法

1. 实验准备

根据需要选择有代表性的测点,测点应位于水平的路基上,土质均匀,不含杂物。平整土基表面,撒干燥洁净的细砂填平土基凹处,砂子不可覆盖全部土基表面以避免形成夹层。

安置承载板,并用水平尺进行校正,使承载板处于水平状态。将试验车置于测点上,在加劲横梁中部悬挂垂球测试,使之恰好对准承载板中心,然后收起垂球。在承载板上安放千斤顶,上面衬垫钢圆筒、钢板,并将球座置于顶部与加劲横梁接触,如用测力环时,应将测力环置于千斤顶与横梁中间,千斤顶及衬垫物必须保持垂直,以免加压时千斤顶倾倒发生事故并影响测试数据的准确性。将两台贝克曼梁的测头分别置于承载板立柱的支座上。

2. 实验步骤

用千斤顶开始加载,注视测力环或压力表,至预压 0.05 MPa,稳压 1 min,使承载板与土基紧密接触,同时检查百分表是否正常,然后放松千斤顶油门卸载,稳压 1 min 后,将百分表调零或调至其他合适的初始位置上,记录初始读数。

测试土基的压力-变形曲线。用千斤顶开始加载,采用逐级加载卸载法,用压力表或测力环控制加载量,当荷载小于 0.1 MPa 时,每级增加 0.02 MPa,之后每级增加 0.04 MPa 左右。为了使加载和计算方便,加载数值可适当调整为整数。每次加载至预定荷载 P 后,稳定 1 min,立刻读取两个百分表数值,然后轻轻放开千斤顶油门卸载至 0,稳定 1 min 后,再次读数,每次卸载后百分表不再调零。当两个百分表读数之差小于平均值的 30%时,取平均值,若超过 30%,则应重测。当回弹变形值超过 1 mm 时,即可停止加载。

各级荷载的回弹变形和总变形,按以下方法计算:

(1) 回弹变形=(加载后读数平均值-卸载后读数平均值)×贝克曼梁杠杆比。

(2) 总变形=(加载后读数平均值-加载初始前读数平均值)×贝克曼梁杠杆比。

最后一次加载卸载循环结束后,取走千斤顶,重新读取百分表初读数,然后将汽车开出 10 m 以外,读取终读数,按以下方法计算总影响量 a。

(3) 总影响量 a=(百分表初读数平均值-百分表终读数平均值)×贝克曼梁杠杆比。

在试验点下取样,测试材料含水率。取样数量如下:①最大粒径不大于 4.75 mm,试样数量约 120 g;②最大粒径不大于 19.0 mm,试样数量约 250 g;③最大粒径不大于 31.5 mm,试样数量约 500 g。

在紧靠试验点旁边的适当位置,用灌砂法或环刀法等测试土基的密度。

14.6　实验结果整理及报告要求

(1) 各级压力下的影响量 a_i 按式(14-1)计算：

$$a_i=\frac{(T_1+T_2)\pi D^2 P_i}{4T_1 Q}\cdot a \tag{14-1}$$

式中　a_i ——第 i 级压力的影响量，0.01 mm；

T_1——载重汽车前后轴距，m；

T_2——加劲小梁距后轴距离，m；

D ——承载板直径，记为 0.3 m；

P_i ——第 i 级承载板压力，Pa；

Q ——载重汽车后轴重，N；

a ——总影响量，0.01 mm。

(2) 回弹变形计算值 L_i 为各级压力的回弹变形值加上该级的影响量。排除显著偏离的异常点，绘出顺滑的 P-L 曲线，如曲线起始部分出现反弯，应按图 14-2 所示修正原点 O，O' 则是修正后的原点。

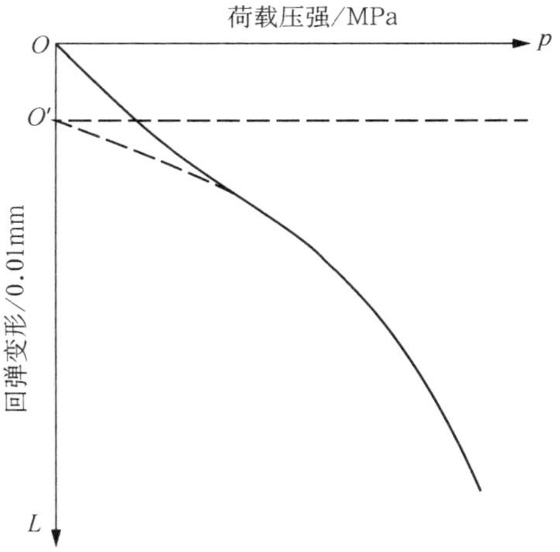

图 14-2　修正原点

(3) 按式(14-2)计算相应于各级荷载下的土基回弹模量 E_i 值：

$$E_i=\frac{\pi D}{4}\cdot\frac{p_i}{L_i}(1-\mu_0^2) \tag{14-2}$$

式中　E_i ——相应于第 i 级荷载下的土基回弹模量，MPa；

μ_0——土的泊松比，根据路面设计规范规定取用，当无规定时，非黏性土可取 0.30，高黏性土取 0.50，一般可取 0.35 或 0.40；

L_i ——相对于荷载 p_i 时的第 i 级回弹变形计算值，cm。

(4) 取结束实验前的各级回弹变形计算值，按线性回归方法由式(14-3)计算土基回弹模量 E_0 值：

$$E_0=\frac{\pi D}{4}\cdot\frac{\sum p_i}{\sum L_i}(1-\mu_0^2) \tag{14-3}$$

14.7 思考题

土基回弹模量影响因素有哪些?

实验 15 粗集料筛分实验

15.1 实验的相关知识点

(1) “四分法”取样方法。

(2) 粗集料的分计筛余百分率、累计筛余百分率和通过百分率计算方法。

15.2 实验目的

测试粗集料的颗粒组成，掌握粗集料的级配组成表示方法，为混合料配合比设计提供原材料的性能参数。

15.3 实验内容

按照《公路工程集料试验规程》(JTG E42—2005)的规定，在沥青混合料中，粗集料是指粒径大于 2.36 mm 的碎石、破碎砾石、筛选砾石和矿渣等。在水泥混凝土中，粗集料是指粒径大于 4.75 mm 的碎石、砾石和破碎砾石。采用“四分法”选取一定量的粗集料，通过筛分实验来测试粗集料的分计筛余百分率、累计筛余百分率和通过百分率，理解和掌握粗集料的级配组成。

15.4 实验的主要仪器设备和其他材料

(1) 摇筛机。

(2) 标准套筛。

(3) 天平：感量不大于试样质量 0.1%。

(4) 烘箱：能控温(105±5) ℃。

(5) 其他：浅盘和硬、软毛刷等。

15.5 实验方法

“四分法”为集料实验典型的取样方法，具体步骤为：将拌和均匀的集料摊成厚度适宜的圆锥，然后用铲子在堆上划“十”字，将试样大致分为四等份，除去对角的两份，将其余两份重新摊匀，再摊成圆堆，重复上述过程，直至剩余试样达到略多于实验所需的数量为止。

1. 试样准备

采用水洗法将集料清洗干净后置于(105±5) ℃的烘箱内烘干至恒重备用。用“四分法”将集料缩取至表 15-1 中规定的质量数量。根据需要按要求的集料最大粒径对集料进行过筛，除去超粒径的颗粒后，再进行筛分。

表 15-1 粗集料筛分析实验所需最少试样质量

公称最大粒径/mm	75	63	37.5	31.5	26.5	19	16	9.5	4.75
最小试样质量/kg	10	8	5	4	2.5	2	1	1	0.5

2. 实验步骤

称取干燥试样总质量 m_1，精确至 0.1%。先采用机器振动筛料 10 min，然后人工筛料。用搪瓷盘作为筛分容器，依筛孔大小顺序逐个将集料过筛。直至 1 min 内通过筛孔的质量小于筛上残留量的 0.1%为止。将筛出通过的颗粒并入下一号筛，和下一号筛中的试样一起过筛，按照顺序进行，直至各号筛全部筛完为止。

称量各号筛上的筛余量 m_i，精确至总量的 0.1%，记录在表 15-2 中的第(1)列。各筛的分计筛余量之和与筛盘存余量的总和 m_2 与筛分前试样的干燥总质量 m_1 相比，相差不得超过 m_1 的 0.3%。

每种集料规格做两组平行实验。

表 15-2 粗集料筛分析实验原始数据记录

干燥试样总质量 m_1 /g	集料规格： — mm								平均
	第 1 组				第 2 组				
筛孔尺寸/mm	筛上重 m_i/g	分计筛余/%	累积筛余/%	通过百分率/%	筛上重 m_i/g	分计筛余/%	累积筛余/%	通过百分率/%	通过百分率/%
	(1)	(2)	(3)	(4)	(1)	(2)	(3)	(4)	(5)
16									
13.2									
9.5									
4.75									
2.36									
1.18									
0.6									
0.3									
0.15									
0.075									
<0.075				—				—	—
合计质量/g	m_2	—	—	—	m_2	—	—	—	—
损耗质量/g		—	—	—		—	—	—	—
耗损率		—	—	—		—	—	—	—

15.6　实验结果整理及报告要求

（1）按照式(15-1)、式(15-2)和式(15-3)分别计算分计筛余百分率 a_i、累计筛余百分率 A_i 和通过百分率 P_i。

$$a_i = \frac{m_i}{m_2} \times 100\% \tag{15-1}$$

$$A_i = a_1 + a_2 + \cdots + a_i \tag{15-2}$$

$$P_i = 100\% - A_i \tag{15-3}$$

式中　m_i——i 号筛上的筛余量，g；

m_2——各筛的分计筛余量之和与筛盘存余量的总和，g；

a_i——i 号筛的分计筛余百分率；

A_i——i 号筛的累计筛余百分率；

P_i——i 号筛的通过百分率。

精确到 0.1%，分别记录在表 15-2 的第(2)、(3)、(4)列。

（2）按照式(15-4)计算损耗率：

$$\text{损耗率} = \frac{m_1 - m_2}{m_2} \times 100\% \tag{15-4}$$

式中，m_1 为筛分前试样的干燥总质量，g。损耗率应小于 0.3%，若不满足要求，则需重新进行实验。

（3）两次实验结果中，0.075 mm 筛孔通过率相差应小于 1%，若不满足要求，则需重新进行实验。

（4）根据各筛的累计筛余百分率或通过百分率绘制筛分曲线图。

15.7　思考题

（1）分计筛余百分率、累计筛余百分率和通过百分率的计算方法。

（2）如果未采用水洗法事先对粗集料进行处理，会对筛分实验的结果有怎样影响？

（3）对于最大粒径相同的两档集料，如何对比集料的粗细程度？

实验 16　粗集料的密度和吸水率实验(网篮法)

16.1　实验的相关知识点

(1) 粗集料的表观密度、表干密度和毛体积密度的测试方法。

(2) 粗集料的表观相对密度、表干相对密度和毛体积相对密度的计算方法。

(3) 粗集料吸水率的计算方法。

16.2　实验目的

掌握粗集料的密度实验和吸水率实验,测试粗集料的表观密度、表干密度、毛体积密度、表观相对密度、表干相对密度、毛体积相对密度以及吸水率,为混合料配合比设计提供原材料的性能参数。

16.3　实验内容

粗集料有表观密度、表干密度和毛体积密度,以及表观相对密度、表干相对密度和毛体积相对密度。学习采用网篮法测试粗集料的表观密度、表干密度、毛体积密度、表观相对密度、表干相对密度和毛体积相对密度,理解各种密度的物理意义。

16.4　实验的主要仪器设备和其他材料

(1) 天平或浸水天平:可悬挂吊篮测定集料的水中质量,称量应满足实验数量要求,感量不大于最大称量的 0.05%。

(2) 吊篮:由耐锈蚀金属材料制成,直径和高度均为 150 mm,四周及底部用 1～2 mm 的筛网编制成密集的孔眼。

(3) 溢流水槽:在称量水中质量时能保持水面高度一定。

(4) 烘箱:能控温(105±5) ℃。

(5) 其他:标准套筛、温度计、水容器(如搪瓷盘)、刷子和毛巾等。

16.5　实验方法

1. 试样准备

将试样用标准筛过筛除去其中的细集料,对较粗的集料可用 4.75 mm 筛过筛,对粒径为 2.36～4.75 mm 集料或者混在 4.75 mm 以下石屑中的粗集料,用 2.36 mm 筛过筛。用"四分法"缩分至要求的质量,分成两份备用,每份试样的质量应满足表 16-1 的规定。对沥青路面用粗集料,应对不同规格的集料分别进行测定,不得混杂。

2. 实验步骤

取一份试样装入干净的搪瓷盘中,注入洁净的水,水面至少应高出试样 20 mm,轻轻搅动试样,使附着在试样上的气泡逸出。在室温下保持浸水 24 h。

表 16-1　粗集料视密度实验最少取样质量

公称最大粒径/mm	4.75	9.5	16	19	26.5	31.5	37.5
每份试样的最小质量/kg	0.8	1	1	1	1.5	1.5	2

将吊篮挂在天平的吊钩上，浸入溢流水槽中，向溢流水槽中注水，水面高度至水槽的溢流孔为止，将天平调零。

调节水温在 15 ℃～25 ℃范围内，将试样移入吊篮中。溢流水槽的水面高度由水槽的溢流孔控制，维持不变。用天平称出试样在水中的质量 m_w，记录在表 16-2 中的第(1)列。提起吊篮，稍稍滴水后，将试样倒入浅搪瓷盘中，或直接将试样倒在拧干的湿毛巾上。注意不得有颗粒丢失或有小颗粒附在吊篮上。稍稍倾斜搪瓷盘，用毛巾吸走漏出的自由水。用拧干的湿毛巾擦干颗粒表面水，至表面看不到发亮的水迹，即为饱和面干状态，立即保持在表干状态下称其表干质量 m_f，记录在表 16-2 中的第(2)列。将试样置于浅盘中，放入(105±5) ℃的烘箱中烘干至恒重。取出浅盘，放在带盖的容器中冷却至室温后称出质量 m_a，记录在表 16-2 中第(3)列。

每种集料规格做 2 组平行实验。

表 16-2　粗集料密度和吸水率实验原始数据

内容		水中质量 m_w/g	表干质量 m_f/g	烘干质量 m_a/g	实验温度下水的密度/ρ_T	表观密度 ρ_a	表干密度 ρ_s	毛体积密度 ρ_b	吸水率 w_x/%
		(1)	(2)	(3)	(4)	(5)	(6)	(7)	(8)
集料规格	1								
	2								
	平均	—	—	—	—				

16.6　实验结果整理及报告要求

1. 粗集料的密度

粗集料的表观相对密度、表干相对密度和毛体积相对密度分别按式(16-1)—式(16-3)计算，表观密度、表干密度和毛体积密度分别按式(16-4)—式(16-6)计算，精确至 0.001 g/cm^3。

$$\gamma_a = \frac{m_a}{m_a - m_w} \tag{16-1}$$

$$\gamma_s = \frac{m_f}{m_f - m_w} \tag{16-2}$$

$$\gamma_b = \frac{m_a}{m_f - m_w} \tag{16-3}$$

$$\rho_a=\left(\frac{m_a}{m_a-m_w}-a_T\right)\times\rho_w \tag{16-4}$$

$$\rho_s=\left(\frac{m_f}{m_f-m_w}-a_T\right)\times\rho_w \tag{16-5}$$

$$\rho_b=\left(\frac{m_a}{m_f-m_w}-a_T\right)\times\rho_w \tag{16-6}$$

式中 γ_a——粗集料的表观相对密度，无量纲；

γ_s——粗集料的表干相对密度，无量纲；

γ_b——粗集料的毛体积相对密度，无量纲；

ρ_a——粗集料的表观密度，g/cm^3；

ρ_s——粗集料的表干密度，g/cm^3；

ρ_b——粗集料的毛体积密度，g/cm^3；

m_a——试样烘干后的质量，g；

m_w——试样在水中的质量，g；

m_f——试样的表干质量，g；

ρ_w——水在 4 ℃时的密度值，1.0 g/cm^3；

α_T——实验时水温对水相对密度影响的修正系数，按表 16-3 取值。

表 16-3 不同水温下的温度修正系数 α_T

水温/℃	15	16～17	18～19	20～21	22～23	24～25
α_T	0.002	0.003	0.004	0.005	0.006	0.007

2. 粗集料的吸水率

粗集料的吸水率 ω_x 按式(16-7)计算：

$$\omega_x=\left(\frac{m_f-m_a}{m_a}\right)\times 100\% \tag{16-7}$$

以两次实验的算术平均值作为测定值。重复实验的精确度，两次结果相差对密度不得超过 0.02 g/cm^3，吸水率不得超过 0.2%。若不满足要求，则重新进行实验。

16.7 思考题

(1) 表观相对密度、表干相对密度和毛体积相对密度三者的区别是什么？

(2) 表观相对密度、表干相对密度、毛体积相对密度、表观密度、表干密度和毛体积密度的区别是什么？

(3) 表观相对密度、表干相对密度、毛体积相对密度和吸水率四者如何换算？

实验 17　粗集料的堆积密度和空隙率实验

17.1　实验的相关知识点

（1）粗集料的堆积密度、振实密度和捣实密度的测试方法。

（2）粗集料空隙率的计算方法。

17.2　实验目的

掌握粗集料的堆积密度、振实密度和捣实密度的测试方法，理解集料的堆积状态与空隙率的关系。

17.3　实验内容

测试粗集料的堆积密度、振实密度和捣实密度，了解集料的堆积状态与空隙率的关系。

17.4　实验的主要仪器设备和其他材料

（1）振动台：振动频率为(3 000±200)次/min，负荷下的振幅为 0.35 mm，空载时的振幅为 0.5 mm。

（2）容量筒：金属制容量筒，规格应符合表 17-1 的要求。

表 17-1　容量筒的规格要求

实验对象	粗集料公称最大粒径/mm	容量筒容积/L	容量筒规格/mm			筒壁厚/mm
			内径	净高	底厚	
沥青混合料用粗集料	≤4.75	3	155±2	160±2	5.0	2.5
	9.5～26.5	10	205±2	305±2	5.0	2.5
	31.5～37.5	15	255±5	295±5	5.0	3.0
	≥53	20	355±5	305±5	5.0	3.0

（3）天平：感量不大于称量的 0.1%。

（4）烘箱：能控温(105±5) ℃。

（5）其他：直径为 16 mm、长为 600 mm、一端为圆头的钢棒；平头铁铲等。

17.5　实验方法

1. 试样准备

用“四分法”将试样缩至实验所需用量，在(105±5) ℃的烘箱内烘干，拌匀后分成两份备用。

2. 实验步骤

1）堆积密度

取试样一份，用平头铁铲铲起试样，使其自由落入容量筒中，铁铲齐口至筒上口的距离应保持约 50 mm。装满容量筒，除去高出筒口表面的颗粒，并以适当的颗粒填入表面凹陷的空隙中，使表面稍凸与稍凹部分的体积大致相等，称取试样和容量筒的总质量 m_1。

2）振实密度

按堆积密度实验步骤，将装满试样的容量筒放在振动台上，振动 3 min。也可以将试样分三层装入容量筒，每装完一层，在筒底垫放一根直径为 25 mm 的圆钢筋(第二层时钢筋方向与第一层垂直，第三层时钢筋方向与第二层垂直)，将筒按住，左右交替颠击底面各 25 下。待第三层装填完毕后，加料直到试样超出容量筒，用钢筋沿筒口边缘滚转，刮下高出筒口的颗粒，用堆积密度实验方法填平表面，称取试样和容量筒的总质量 m_2。

3）捣实密度

将试样装入容器中至 1/3 高度处，由边缘至中间用捣棒均匀捣实 25 次。再向容器中装入 1/3 高度的试样，用捣棒均匀地捣实 25 次，捣实深度约至下层表面。然后重复上一步骤，加最后一层，再捣实 25 次，使集料与容器口基本齐平。用合适的集料填充表面的大空隙，用直尺大体刮平，目测估计表面凸起部分与凹陷部分的体积大致相等，称取试样和容量筒的总重量 m_3。

17.6 实验结果整理及报告要求

1. 装填密度

粗集料的堆积密度、振实密度和捣实密度按式(17-1)—式(17-3)计算，精确至 0.001 g/cm³。

$$\rho_1=\frac{m_1-m_0}{V} \tag{17-1}$$

$$\rho_2=\frac{m_2-m_0}{V} \tag{17-2}$$

$$\rho_3=\frac{m_3-m_0}{V} \tag{17-3}$$

式中 ρ_1——粗集料的堆积密度，g/cm³；

ρ_2——粗集料的振实密度，g/cm³；

ρ_3——粗集料的捣实密度，g/cm³；

m_0——容量筒的质量，g；

m_1——堆积后容量筒和试样总质量，g；

m_2——振实后容量筒和试样总质量，g；

m_3——捣实后容量筒和试样总质量，g；

V——容量筒的容积，cm³。

2. 空隙率

水泥混凝土用粗集料在振实状态下的空隙率按式(17-4)计算。沥青混合料用粗集料在捣实状态下的间隙率按式(17-5)计算,精确至0.1%。

$$n=\left(1-\frac{\rho}{\rho_a}\right)\times 100\% \tag{17-4}$$

$$VCA_{DRC}=\left(1-\frac{\rho}{\rho_b}\right)\times 100\% \tag{17-5}$$

式中　ρ——粗集料的振实密度或捣实密度,g/cm^3;

n——水泥混凝土用粗集料的空隙率;

ρ_a——粗集料的表观密度,g/cm^3;

VCA_{DRC}——沥青混合料用粗集料间隙率;

ρ_b——粗集料的毛体积密度,g/cm^3。

以两次平行实验结果的平均值作为测定值。

17.7　思考题

(1) 粗集料的堆积密度、振实密度和捣实密度的大小关系。

(2) 粗集料的堆积密度、振实密度和捣实密度的物理意义。

实验 18 粗集料磨耗实验(洛杉矶法)

18.1 实验的相关知识点

(1) 集料的洛杉矶磨耗损失测试方法。

(2) 洛杉矶磨耗损失表征的集料性能。

18.2 实验目的

洛杉矶磨耗损失是表征集料抵抗摩擦、撞击的能力,理解粗集料洛杉矶磨耗损失的物理意义,掌握其测试方法,判定粗集料能否用于公路工程实践中。

18.3 实验内容

采用洛杉矶磨耗仪测试粗集料的洛杉矶磨耗损失。

18.4 实验的主要仪器设备和其他材料

(1) 洛杉矶磨耗机:洛杉矶磨耗机的结构形式如图 18-1 所示,圆筒内径(710±5) mm,内侧长(510±5) mm,两端封闭,钢筒的回转速率为 30～33 r/min。

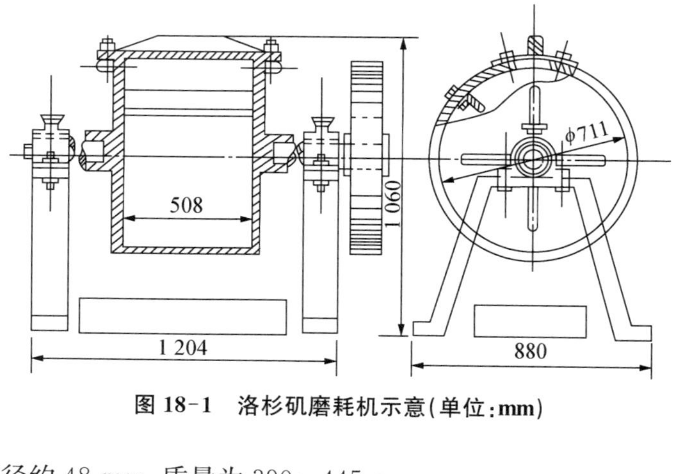

图 18-1 洛杉矶磨耗机示意(单位:mm)

(2) 钢球:直径约 48 mm,质量为 390～445 g。

(3) 天平:称量 10 kg、感量不大于 5 g。

(4) 标准筛:标准套筛,以及筛孔为 1.7 mm 的方孔筛一个。

(5) 烘箱:能控温(105±5) ℃。

(6) 其他:标准筛、搪瓷盘等。

18.5　实验方法

1. 试样准备

将集料洗净，置于烘箱中烘至恒重。其中，水泥混凝土用集料宜采用 A 级粒度；沥青混凝土用集料宜采用 B，C，D 级粒料。对于不同粒径的集料，按照表 18-1 中的规定准备试样。

表 18-1　路面用集料的洛杉矶磨耗实验条件

粒度类别	粒级组成/mm	试样质量/g	试样总质量/g	钢球个数/个	钢球总质量/g	转动次数/转
A	26.5～37.5	1 250±25	5 000±10	12	5 000±25	500
	19.0～26.5	1 250±25				
	16.0～19.0	1 250±10				
	9.5～16.0	1 250±10				
B	19.0～26.5	2 500±10	5 000±10	11	4 850±25	500
	16.0～19.0	2 500±10				
C	4.75～9.5	2 500±10	5 000±10	8	3 330±20	500
	9.5～16.0	2 500±10				
D	2.36～4.75	5 000±10	5 000±10	6	2 500±15	500

2. 实验步骤

将准备好的试样放入磨耗机圆筒中，并加入总质量符合要求的钢球，盖好筒盖，紧固密封。将计数器归零，设定要求的转动次数。开动磨耗机，以 30～33 r/min 转速旋转至规定的次数后停止。取出试样，用 1.7 mm 方孔筛筛去试样中的石屑，用水洗净留在筛上的试样，烘至恒重，准确称出其质量。

18.6　实验结果整理及报告要求

粗集料的洛杉矶磨耗损失按式(18-1)计算，精确至 0.1%。

$$Q=\frac{m_1-m_2}{m_1}\times 100\% \tag{18-1}$$

式中　Q——粗集料的洛杉矶磨耗损失；

m_1——装入圆筒中的试样质量，g；

m_2——实验后 1.7 mm 筛上洗净烘干的试样质量，g。

取两次平行实验结果的算术平均值作为测定值，两次实验误差应不大于 2%，否则需重做实验。

18.7　思考题

(1) 粗集料的洛杉矶磨耗损失过大，用其制备的混合料可能会出现什么问题？

(2) 粗集料的洛杉矶磨耗损失的物理意义。

实验 19 集料压碎值实验

19.1 实验的相关知识点

(1) 集料压碎值的测试方法。
(2) 压碎值表征的集料性能。

19.2 实验目的

压碎值是表征集料在逐渐增加的荷载下抵抗压碎的能力,是衡量石料力学性质的指标。理解粗集料压碎值的物理意义,掌握其测试方法,判定粗集料能否用于公路工程实践中。

19.3 实验内容

采用压碎值实验测试集料的压碎值。

19.4 实验的主要仪器设备和其他材料

(1) 石料压碎值实验仪:由内径为 150 mm、两端开口的钢制圆形试筒、压柱和底板组成,其形状如图 19-1 所示。
(2) 压力机:荷载可达 500 kN,应能在 10 min 内达到 400 kN。
(3) 天平:称量 2～3 kg,感量不大于 1 g。
(4) 金属量筒:内径为 112.0 mm, 高为 179.4 mm,容积为 1 767 cm^3。
(5) 标准筛:套筛一套。
(6) 金属棒:直径为 10 mm,长为 450～600 mm,一端加工成半球形。

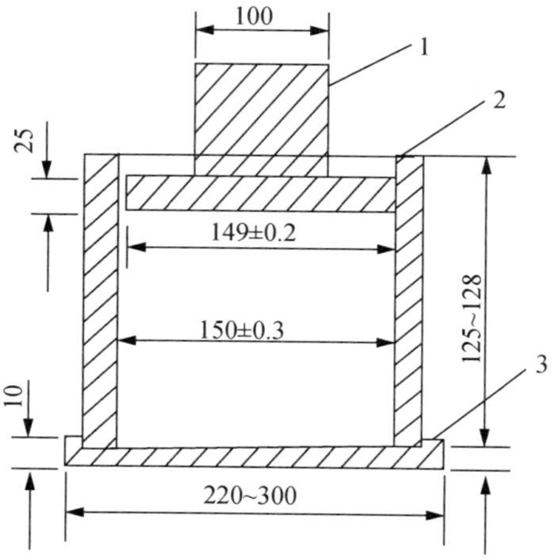

1—压柱; 2—试筒; 3—底板

图 19-1 石料压碎值实验仪示意(单位:mm)

19.5　实验方法

1. 试样准备

将试样用 13.2 mm 和 9.5 mm 标准筛过筛，取粒径在 9.5～13.2 mm 的试样 3 组各约 3 kg 供实验用。试样宜风干，如需加热烘干时，烘箱温度不应超过 100 ℃，烘干时间不超过 4 h。实验前，试样应冷却至室温。

实验用试样质量的确定方法为：将试样分三层倒入金属量筒中，每层数量大致相同。每层将试样表面整平，用金属棒的夯棒半球面从试样表面均匀捣实 25 次。最后用金属棒作为直刮刀将表面刮平，称取量筒中试样质量 m_0。以相同质量的试样进行压碎值平行实验。

2. 实验步骤

按上述方法准备试样，将试样分三次倒入试筒中，最上一层应该仔细整平。将压柱平放在试筒内石料面上，然后将装有试样的试筒连同压柱置于压力机上，均匀地施加荷载，约在 10 min 时达到总荷载 400 kN，稳压 5 s，然后卸载。将试样从筒中取出。用 2.36 mm 筛筛分经过压碎的全部试样，并称量通过 2.36 mm 筛孔的全部细料质量 m_1。

19.6　实验结果整理及报告要求

集料的压碎值按式(19-1)计算，精确至 0.1%。

$$Q'_a=\frac{m_1}{m_0}\times 100\% \tag{19-1}$$

式中　Q'_a——集料的压碎值；

m_0——实验前试样质量，g；

m_1——实验后通过 2.36 mm 筛孔的细料质量，g。

以三个试样平行实验结果的算术平均值作为集料压碎值的测定值。

19.7　思考题

(1) 压碎值的物理意义。

(2) 压碎值与洛杉矶磨耗损失有什么区别和联系？

实验 20　细集料筛分实验

20.1　实验的相关知识点

（1）“四分法”取样方法。

（2）细集料的级配组成。

（3）细集料的分计筛余百分率、累计筛余百分率和通过百分率的计算方法。

（4）细度模数的物理意义。

20.2　实验目的

测试细集料的颗粒组成，掌握细集料的级配组成表示方法，为混合料配合比设计提供原材料的性能参数。

20.3　实验内容

按照《公路工程集料试验规程》(JTG E42—2005)的规定，在沥青混合料中，细集料是指粒径小于 2.36 mm 的机制砂、天然砂和石屑等。在水泥混凝土中，细集料是指粒径小于 4.75 mm 的机制砂、天然砂。采用“四分法”选取一定量的细集料，通过筛分实验，测试细集料的分计筛余百分率、累计筛余百分率、通过百分率和细度模数，理解和掌握细集料的级配组成。

20.4　实验的主要仪器设备和其他材料

（1）摇筛机。

（2）标准套筛。

（3）天平：称量 1 000 g、感量不大于 0.5 g。

（4）烘箱：能控温(105±5) ℃。

（5）其他：浅盘和硬、软毛刷等。

20.5　实验方法

1. 试样准备

采用水洗法将集料清洗干净后置于(105±5) ℃的烘箱内烘干至恒重备用。将集料过 4.75 mm(或 2.36 mm)筛。采用“四分法”将集料缩至每份不少于 550 g 的试样两份。

2. 实验步骤

准确称取烘干试样 m_1(500 g)，精确至 0.5 g，置于套筛的最上面一个筛中，即 4.75 mm 筛上，盖上筛盖，置于摇筛机上筛约 10 min。取出套筛，按筛孔大小顺序在清洁的瓷盘上逐个进行手筛，直至每分钟的筛出量不超过试样总质量的 0.1%时为止，将筛出的颗粒并入下一号筛，并和下一号筛中的试样一起过筛。按此顺序进行，直至各号筛全部筛完为止。

称量出各号筛的筛余试样的质量 m_i，精确至 0.5 g，记录在表 20-1 中的第(1)列。所有各筛的分计筛余量之和与底盘中剩余量的总量 m_2 与筛分前的试样总量 m_1 相比，相差不得超过 1%，否则需重新实验。

每种集料规格做 2 组平行实验。

表 20-1　细集料筛分析实验原始数据记录

干燥试样总质量 m_1/g	集料规格：　～　mm								平均
	第 1 组				第 2 组				
筛孔尺寸/mm	筛上重 m_i/g	分计筛余/%	累积筛余/%	通过百分率/%	筛上重 m_i/g	分计筛余/%	累积筛余/%	通过百分率/%	通过百分率/%
	(1)	(2)	(3)	(4)	(1)	(2)	(3)	(4)	(5)
4.75									
2.36									
1.18									
0.6									
0.3									
0.15									
0.075									
<0.075				—				—	—
合计质量/g	m_2	—	—	—	m_2	—	—	—	—
损耗质量/g		—	—	—		—	—	—	—
耗损率		—	—	—		—	—	—	—

20.6　实验结果整理及报告要求

(1) 按照式(20-1)、式(20-2)和式(20-3)分别计算分计筛余百分率 a_i、累计筛余百分率 A_i 和通过百分率 P_i，精确到 0.1%，分别记录在表 20-1 的(2)、(3)、(4)列。

$$a_i = \frac{m_i}{m_2} \times 100\% \tag{20-1}$$

$$A_i = a_1 + a_2 + \cdots + a_i \tag{20-2}$$

$$P_i = 100 - A_i \tag{20-3}$$

式中　m_i——i 号筛上的筛余量，g；

m_2——各筛的分计筛余量之和与筛盘存余量的总和，g；

a_i——i 号筛的分计筛余百分率；

A_i ——i 号筛的累计筛余百分率；

P_i ——i 号筛的通过百分率。

(2) 按照式(20-4)计算损耗率，损耗率应小于1%，若不满足要求，则重新进行实验。

$$损耗率=\frac{m_1-m_2}{m_2}\times 100\% \tag{20-4}$$

式中，m_1 为筛分前试样的干燥总质量，g。

(3) 按照式(20-5)计算细度模数 M_X，2次实验细度模数之差应小于0.2，若不满足要求，则重新进行实验。

$$M_X=\frac{(A_{0.15}+A_{0.3}+A_{0.6}+A_{1.8}+A_{2.36})-5A_{4.75}}{100-A_{4.75}} \tag{20-5}$$

(4) 根据各筛的累计筛余或通过百分率绘制筛分曲线。

20.7 思考题

(1) 如果事先未采用水洗法对细集料进行处理，对筛分实验结果会有怎样的影响？

(2) 细度模数的大小表征细集料的什么特性？

实验 21　细集料的表观密度实验(容量瓶法)

21.1　实验的相关知识点

细集料的表观密度和表观相对密度。

21.2　实验目的

掌握细集料表观密度和表观相对密度的测试方法，得到的密度数据可为混合料配合比设计提供原材料的性能参数。

21.3　实验内容

采用容量瓶法测试细集料的表观密度和表观相对密度。

21.4　实验的主要仪器设备和其他材料

(1) 天平：称量 1 kg、感量不大于 1 g。
(2) 容量瓶：500 mL。
(3) 烧杯：500 mL。
(4) 烘箱：能控温(105±5) ℃。
(5) 其他：标准套筛、温度计，干燥器、浅盘、料勺、蒸馏水等。

21.5　实验方法

1. 试样准备

采用“四分法”将 650 g 左右的试样在(105±5) ℃的烘箱内烘至恒重，并在干燥器内冷却至室温，分成两份备用。

2. 实验步骤

称取烘干试样 300 g (m_0) 记录在表 21-1 中的第(3)列，装入盛有半瓶蒸馏水的容量瓶中。摆转容量瓶，使试样在水中充分搅动以排除气泡，塞紧瓶塞，静置 24 h 左右，然后用滴管向瓶内添水，使水面与瓶颈刻度线齐平，再塞紧瓶塞，擦干瓶外水分，称其总质量 m_2，记录在表 21-1 中的第(1)列。倒出瓶中的水和试样，将瓶的内外洗净，再向瓶中注入温差不超过 2 ℃的蒸馏水至瓶颈刻度线，塞紧瓶塞、擦干瓶外的水分，称其总质量 m_1，记录在表 21-1 的第(2)列。

在砂的表观密度实验过程中应测量并控制水的温度，实验的各项称量可以在 15～25 ℃的温度范围内进行。从试样加水静置的最后 2 h 起至实验结束，其温差不应超过 2 ℃。

每种集料规格做 2 组平行实验。

表 21-1　细集料密度实验原始数据

内容		装入集料质量 m_2/g	装入纯水质量 m_1/g	烘干质量 m_0/g	实验温度下水的密度 ρ_T	表观密度 ρ_a
		(1)	(2)	(3)	(4)	(5)
集料规格	1					
	2					
	平均	—	—	—	—	

21.6　实验结果整理及报告要求

细集料的表观相对密度和表观密度分别按式(21-1)和式(21-2)计算，精确至小数点后3位。

$$\gamma_a = \frac{m_0}{m_0 + m_1 - m_2} \tag{21-1}$$

$$\rho_a = \left(\frac{m_0}{m_0 + m_1 - m_2} - a_T\right) \times \rho_w \tag{21-2}$$

式中　γ_a——细集料的表观相对密度，无量纲；

ρ_a——细集料的表观密度，g/cm^3；

m_0——试样的烘干质量，g；

m_1——水和容量瓶总质量，g；

m_2——试样、水和容量瓶总质量，g；

ρ_w——水在 4 ℃时的密度，1 g/cm^3；

α_T——实验时水温对水相对密度影响的修正系数，按表 16-3 取值。

以两次实验结果的算术平均值作为测定值，如果两次结果之差大于 0.01 g/cm^3，应重新取样进行实验。

21.7　思考题

(1) 表观相对密度和表观密度的区别是什么？

(2) 实验时如何操作可以提高测试结果的精度？

实验 22　细集料堆积密度和空隙率实验

22.1　实验的相关知识点

(1) 细集料的堆积密度和紧装密度。

(2) 细集料的空隙率。

22.2　实验目的

细集料在自然状态下有堆积密度和紧装密度，以及相应的空隙率。掌握细集料的堆积密度和空隙率的测试方法，理解各种密度的物理意义，为混合料配合比设计提供原材料的性能参数。

22.3　实验内容

测试细集料在自然状态下的堆积密度、紧装密度及空隙率。

22.4　实验的主要仪器设备和其他材料

(1) 密度测试仪：由标准漏斗和容量筒组成，见图 22-1。容量筒的内径为 108 mm，净高为 109 mm，筒壁厚 2 mm，筒底厚 5 mm，容积约为 1 L。

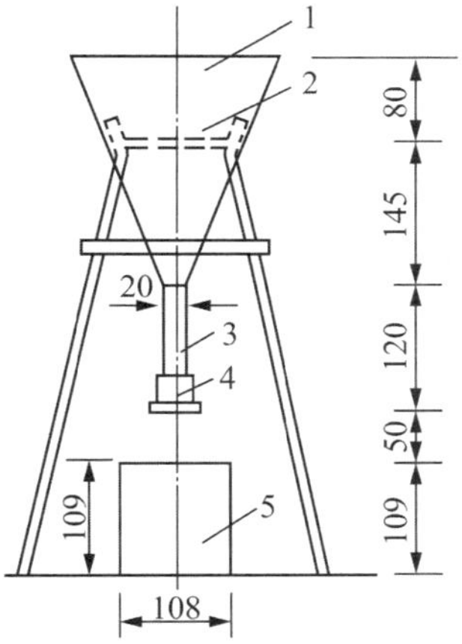

1—漏斗；2—筛；3—ϕ20 mm 管子；
4—活动门；5—金属量筒

图 22-1　标准漏斗示意(单位：mm)

(2) 天平：称量 5 kg，感量不大于 5 g。

(3) 烘箱：能控温在(105±5) ℃。

(4) 其他：料勺、直尺和浅盘等。

22.5 实验方法

1. 试样准备

用浅盘取试样约 5 kg,在温度为(105±5) ℃的烘箱内烘干至恒重,取出冷却至室温,分成大致相等的两份备用。

2. 实验步骤

1）堆积密度

将试样装入漏斗中,打开底部活动门,使试样流入容量筒中,也可以用料勺向容量筒中装试样,但漏斗出料口或料勺距容量筒口应为 50 mm 左右。当试样装满并超出容量筒筒口后,用直尺将多余的试样沿筒口中心线向两个相反方向刮平,称取质量 m_1。

2）振实密度

取试样一份,分两层装入容量筒。装完一层后,在筒底垫放一根直径 10 mm 的钢筋,将筒按住,左右交替颠击地面各 25 下,然后再装入第二层。第二层装满后用同样的方法颠实,但筒底所垫钢筋的方向应与颠实第一层时的放置方向垂直。第二层装完并颠实后,加料直至试样超出容量筒筒口,然后用直尺将多余的试样沿筒口中心线向两个相反方向刮平,称其质量 m_2。

22.6 实验结果整理及报告要求

1. 装填密度

细集料的堆积密度和振实密度按式(22-1)和式(22-2)计算,精确至 0.001 g/cm³。

$$\rho_1=\frac{m_1-m_0}{V} \tag{22-1}$$

$$\rho_2=\frac{m_2-m_0}{V} \tag{22-2}$$

式中 ρ_1——细集料的堆积密度,g/cm³;

ρ_2——细集料的振实密度,g/cm³;

m_0——容量筒的质量,g;

m_1——堆积后容量筒和试样的总质量,g;

m_2——振实后容量筒和试样的总质量,g;

V——容量筒的容积,cm³。

2. 空隙率

细集料在堆积状态下的空隙率按式(22-3)计算,精确至 0.1%。

$$n=\left(1-\frac{\rho}{\rho_a}\right)\times 100\% \tag{22-3}$$

式中 n——细集料的空隙率;

ρ——细集料的堆积密度或振实密度,g/cm³;

ρ_a——细集料的表观密度,g/cm³。

以两次平行实验结果的平均值作为测定值。

22.7　思考题

（1）同种材质的集料，细集料的堆积密度和粗集料的堆积密度大小如何？

（2）细集料为何没有捣实密度？

实验 23　沥青针入度实验

23.1　实验的相关知识点

（1）沥青针入度的测试方法。

（2）针入度的物理意义。

23.2　实验目的

沥青的针入度是反映沥青稠度的指标，也是沥青性能分级的重要指标。掌握沥青针入度的测试方法，了解沥青的基本性能参数。

23.3　实验内容

沥青针入度是在规定的温度、时间和荷载下，标准针垂直穿入试样的深度，以 0.1 mm 为单位。针入度的标准实验条件为：温度 25 ℃，荷载（包括标准针、针连杆与附加砝码的质量）(100±0.05) g，贯入时间 5 s。

23.4　实验的主要仪器设备和其他材料

1. 针入度仪

为了提高测试精度，宜采用能够自动计时的针入度仪。要求针和针连杆必须在无明显摩擦下垂直运动，针的贯入深度必须精确至 0.1 mm。针和针连杆组合件总质量为 (50±0.05) g，另附 (50±0.05) g 砝码一只，实验时总质量为 (100±0.05) g。仪器应有放置平底玻璃保温皿的平台，并有调节水平的装置。应有针连杆制动按钮，使针连杆可自由下落。针连杆应易于装拆，以便检查其质量。仪器还设有可自由转动与调节距离的悬臂，其端部有一面小镜或聚光灯泡，借以观察针尖与试样表面的接触情况。同时，应经常对装置的准确性进行校验。

2. 标准针

测试的标准针应由硬化回火的不锈钢制成，洛氏硬度 HRC 为 54～60，尺寸要求如图 23-1 所示。针的表面粗糙度 R_a 为 0.2～0.3 μm，针的质量为 (2.5±0.05) g，每个针柄上有单独的标志号码。

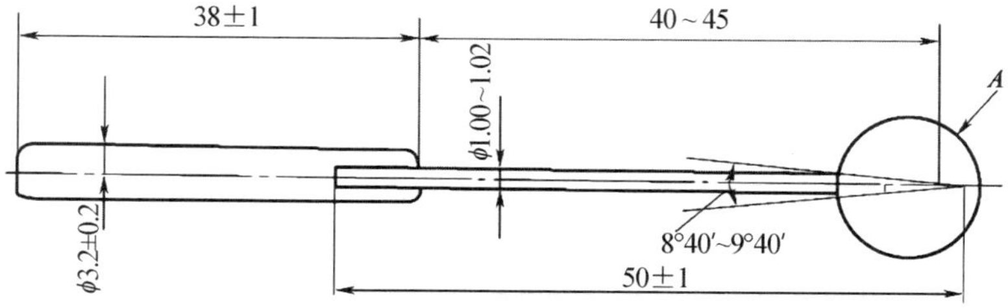

图 23-1　针入度标准针（尺寸单位：mm）

3. 盛样皿

沥青盛样皿由金属制成，圆柱形平底，盛样皿规格根据沥青的针入度选择，见表 23-1。

表 23-1　盛样皿规格

针入度范围/0.1mm	盛样皿	盛样皿尺寸/mm		恒温时间/h
		内径	深度	
<200	小盛样皿	55	35	1.5～2.0
200～350	大盛样皿	70	45	2.0～2.5
>350	特殊盛样皿	52(且容积不小于 125 mL)	>60	2.5～3.0

4. 恒温水槽

恒温水槽的容量不小于 10 L，能保持温度在实验温度±0.1 ℃的范围内，水槽中应设有一个带孔的搁架，位于水面下不小于 100 mm、距水槽底不小于 50 mm 处。

5. 平底玻璃皿

平底玻璃皿由透明玻璃制成，容量不小于 1 L，深度不小于 80 mm。内设一个不锈钢三角支架，能使盛样皿稳定。

6. 其他

精度为 0.1 s 的计时器，精度为 0.1 ℃的温度计或温度传感器，熔化试样用的金属皿或瓷柄皿，直径不小于盛样皿开口尺寸的平底玻璃盛样皿盖，加热用电炉或砂浴、石棉网、三氯乙烯溶剂等。

23.5　实验方法

1. 试样准备

将恒温水槽调节到实验要求的温度(25 ℃)或其他需要的实验温度，并保持稳定。

根据预计的沥青针入度选择盛样皿，保证试样在盛样皿中的高度超过预计针入度 10 mm，将沥青加热到流动状态，倒入盛样皿，使其在室温冷却不少于 1.5 h(小盛样皿)、2 h(大盛样皿)或 3 h(特殊盛样皿)。在冷却过程中，应防止灰尘落入试样皿。然后，将盛样皿移入维持在规定实验温度±0.1 ℃的恒温水浴中，恒温时间要求为 1.5 h(小盛样皿)、2 h(大盛样皿)和 2.5 h(特殊盛样皿)。

调节针入度仪至水平状态，检查针连杆和导轨，以确认无水和其他外来物，无明显摩擦。用三氯乙烯和其他合适的溶剂清洗标准针，并将之擦干，把标准针插入针连杆，并用螺钉固定。按实验条件放好砝码。

2. 实验步骤

到恒温时间后，取出盛样皿，放入水温控制在实验温度±0.1 ℃的平底玻璃皿中的三脚架上，试样表面以上的水层深度不小于 10 mm。

将盛有试样的平底玻璃皿置于针入度仪的平台上慢慢放下连杆，使针尖刚好与试样接触。必要时，用适当位置的反光镜或灯光反射来观察。将位移计复位为零。

开动实验，按下启动键。这时，计时与标准针落下贯入试样同时开始，至 5 s 时自动停止。读取位移计的读数，精确至 0.1 mm。

同一试样平行实验至少 3 次，各测试点之间及与盛样皿边缘的距离不应小于 10 mm。每次实验后，应将盛有盛样皿的平底玻璃皿放入恒温水槽，使平底玻璃皿中的水温保持实验要求的温度。每次实验应换一根干净的标准针或将标准针取下用蘸有三氯乙烯溶剂的棉花揩净，再用干棉花擦干。

在测定针入度大于 200 的沥青试样时，至少用 3 支标准针。每次实验后，将针留在试样中，直至 3 次平行实验完成后，才能将标准针取出。

23.6 实验结果整理及报告要求

对于针入度实验，同一试样要测试 3 次，计算三次实验结果的平均值，取至整数作为实验结果，以 0.1 mm 为单位。同时，记录实验测试温度，见表 23-2。

同一试样 3 次平行实验结果的最大值和最小值之差应在表 23-3 所列的允许偏差范围内；若差值超过表 23-3 规定的数值，则实验重做。

表 23-2 针入度实验实际测试结果

<table>
<tr><td rowspan="2">针入度/0.1 mm</td><td>测试 1</td><td>测试 2</td><td>测试 3</td><td>平均值</td><td>实验温度/℃</td></tr>
<tr><td></td><td></td><td></td><td></td><td rowspan="3"></td></tr>
<tr><td>最大最小值之差/0.1 mm</td><td colspan="4"></td></tr>
<tr><td>实验允许误差/0.1 mm</td><td colspan="4"></td></tr>
</table>

表 23-3 针入度实验允许差值要求

针入度/0.1 mm	0～49	50～149	150～249	250～500
允许差/0.1 mm	2	4	12	20

23.7 思考题

（1）测试过程中，如果没有按照要求的时间对盛样皿进行保温，测试结果会偏大还是偏小？

（2）针入度指标表征沥青的什么性能？如何根据针入度测试结果对沥青进行分级？

实验 24　沥青软化点实验

24.1　实验的相关知识点

（1）沥青软化点的测试方法。

（2）软化点的物理意义。

24.2　实验目的

软化点是反映沥青高温性能的评价指标，可用来表征沥青的高温性能。掌握沥青软化点的测试方法，了解沥青的基本性能参数。

24.3　实验内容

软化点是将沥青试样浇注在规定尺寸的金属环内，上置规定尺寸和质量的钢球，试样放在加热速度为(5±0.5) ℃/min 的溶液中，当试样受热后，逐渐软化至钢球使试样下垂至规定距离(25.4 mm)时的温度。

24.4　实验的主要仪器设备和其他材料

（1）沥青环与球软化点仪由钢球、试样环、钢球定位环、金属支架和耐热玻璃烧杯组成，见图 24-1。钢球直径为 9.53 mm，质量为(3.50±0.05) g，表面光滑。

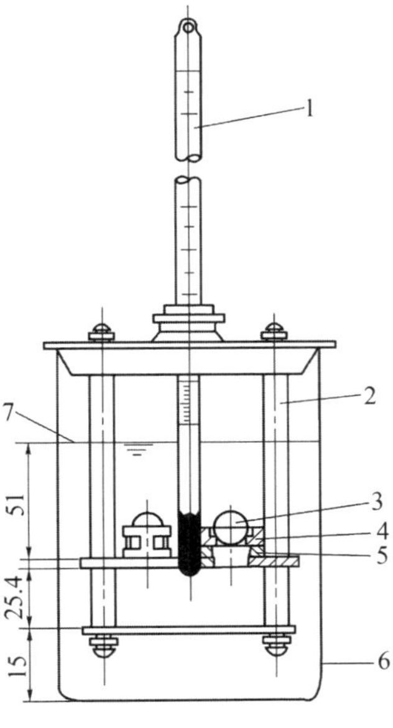

1—温度计；2—立杆；3—钢球；4—钢球定位环；
5—金属环；6—烧杯；7—水面

图 24-1　沥青环与球软化点仪(单位:mm)

试样环由黄铜或不锈钢制成,形状与尺寸如图 24-2 所示。钢球定位环由黄铜或不锈钢制成,能使钢球定位于试样中央。

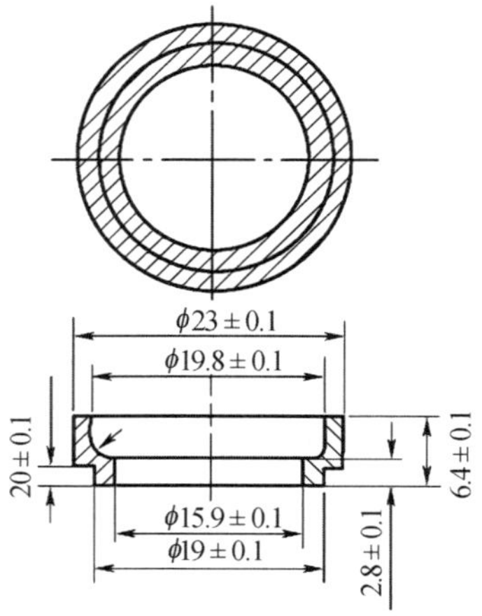

图 24-2 软化点试样环(单位:mm)

金属支架由两个连接立杆和三层平行金属板组成,分别为上盖板、中层板和下底板。上盖板为一圆盘,中间有一圆孔,用以插放温度计或温度传感器;中层板上有两个圆孔,以放置试样环,两孔中间有一小孔可支持温度计或温度传感器的测温端部。中层板与下底板之间的距离为 25.4 mm。在连接立杆上距中层板顶面(51±0.2) mm 处,刻着一液面指示线。

(2) 耐热玻璃烧杯:容积约 800~1 000 mL,直径不小于 86 mm,高度不小于 120 mm,其上口应与上盖板相配合。

(3) 加热装置:装有温度调节器的电炉或其他加热装置。应采用带有振荡搅拌器的加热装置,振荡子置于烧杯底部。

(4) 其他:量程 0~100 ℃、分度值 0.5 ℃的温度计;控温准确度为±0.5 ℃的恒温水槽;试模底板;平直刮刀;甘油滑石粉隔离剂(甘油与滑石粉的质量比为 2∶1);新煮沸过的蒸馏水等。

24.5 实验方法

1. 试样准备

将试样环置于涂有甘油滑石粉隔离剂的试模底板上。将沥青加热到流动状态并注入试样环内至略高出环面为止。试样在室温条件下冷却 30 min 后,用热刀刮去高出环面上的试样,使之与环面齐平。

2. 实验步骤

将盛有试样的试样环与试模底板同置于盛水的(5±0.5) ℃恒温水槽内至少 15 min;同时将金属支架、钢球、钢球定位环等亦置于相同水槽中。

烧杯内注入新煮沸并冷却至约 5 ℃的蒸馏水或纯净水,使水面略低于立杆上的深度标记。

从恒温水槽中取出盛有试样的试样环放置在金属支架中层板的圆孔中，套上钢球定位环，将钢球放在钢球定位环中间的试样上；把整个支架放在烧杯内，调整水面至标记深度，保持水温在(5±0.5) ℃。支架上任何部分均不得有气泡。将测温装置由上盖板中心孔垂直插入，使测温装置底部与试样环下面齐平。

打开电源启动，立即开动电磁振荡搅拌器，使水微微振荡，并开始加热，使烧杯内的水温度在 3 min 内调节至每分钟上升(5±0.5) ℃。在加热过程中，应使实验环的平面在全部加热时间内完全处于水平状态，记录每分钟的上升温度，如果温度的上升速度超出规定范围，则应重新进行实验。

试样受热软化下坠至与下层底板表面接触时，立即读取温度，精确至 0.5 ℃，即为试样的软化点。取平行测定两个结果的算术平均值作为测定结果。

24.6　实验结果整理及报告要求

同一试样平行实验 2 次，当 2 次测定值的差值符合重复性实验的允许误差要求时，取其平均值作为软化点实验结果，精确至 0.5 ℃，记录在表 24-1 中。

当试样软化点＜80 ℃时，重复性实验的允许误差为 1 ℃，再现性实验的允许误差为 4 ℃。

当试样软化点≥80 ℃时，重复性实验的允许误差为 2 ℃，再现性实验的允许误差为 8 ℃。

表 24-1　软化点实验实际测试结果

<table>
<tr><td colspan="3" rowspan="2">软化点/℃</td><td colspan="2">测试 1</td><td colspan="2">测试 2</td><td colspan="3">平均值</td></tr>
<tr><td colspan="2"></td><td colspan="2"></td><td colspan="3"></td></tr>
<tr><td colspan="3">2 次测定值的差值/℃</td><td colspan="7"></td></tr>
<tr><td colspan="3">重复性实验误差/℃</td><td colspan="7"></td></tr>
<tr><td colspan="10">每分钟升温速度/℃</td></tr>
<tr><td>1</td><td>2</td><td>3</td><td>4</td><td>5</td><td>6</td><td>7</td><td>8</td><td>9</td><td>10</td></tr>
<tr><td></td><td></td><td></td><td></td><td></td><td></td><td></td><td></td><td></td><td></td></tr>
</table>

24.7　思考题

(1) 软化点测试时，如果升温速率是 6 ℃/min，在这种情况下，测试软化点与实际软化点相比是偏大还是偏小？

(2) 软化点指标表征沥青的什么性能？工程上，对沥青软化点有什么样的要求？

实验 25　沥青延度实验

25.1　实验的相关知识点

(1) 沥青延度的测试方法。

(2) 延度的物理意义。

25.2　实验目的

沥青的延度是反映沥青延展性能的评价指标,可用来表征沥青的低温性能。掌握沥青延度的测试方法,了解沥青的基本性能参数。

25.3　实验内容

沥青的延度是指规定形状的沥青试样,在规定的温度下,以一定的速度拉伸至断裂时的长度,具体为:8 字形沥青试样;常用实验温度为 25 ℃, 15 ℃或 5 ℃;拉伸速度为 (5±0.25) cm/min。

25.4　实验的主要仪器设备和其他材料

1. 延度仪

能将试件浸没于水中,保持规定的实验温度,并能按照规定的拉伸速度拉伸试件,且在实验过程中无明显振动的延度仪均可使用。延度仪的测量长度不宜大于 150 cm。延度仪的形状与组成如图 25-1 所示。

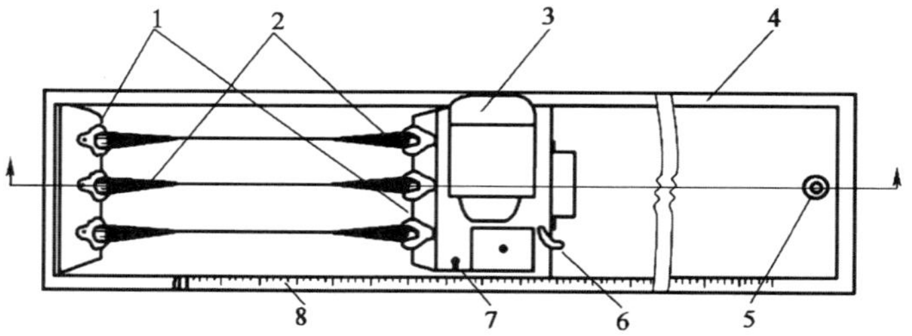

1—试模;2—试样;3—电机;4—水槽;5—泄水孔;
6—开关柄;7—指针;8—标尺

图 25-1　沥青延度仪示意

2. 制模仪具

制模仪具包括延度试模和试模底板。延度试模由黄铜所制,由两个端模和两个侧模组成,其形状尺寸如图 25-2 所示。试模底板为玻璃板或磨光的铜板、不锈钢板(表面粗糙度 R_a 为 0.2 μm)。

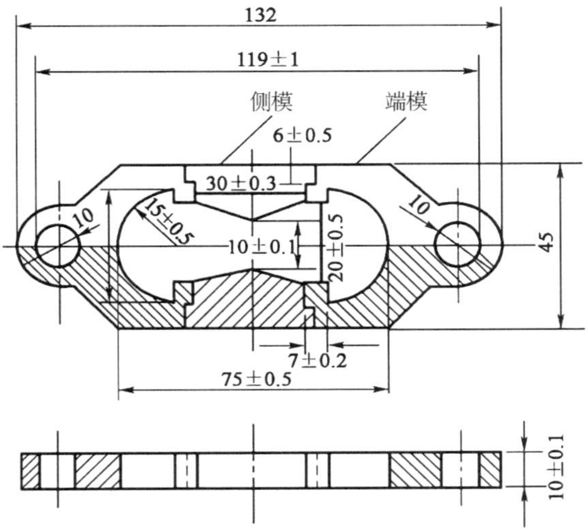

图 25-2　沥青延度试模(单位:mm)

3. 恒温水浴

容量至少为 10 L,能够控制温度的准确度为 0.1 ℃的玻璃或金属器皿,试件浸入水中的深度不得小于 100 mm,水浴中设置带孔搁架,搁架距水浴底部不得小于 50 mm。

4. 其他

量程 0～50 ℃、分度值为 0.1 ℃的温度计;试模底板;平直刮刀;甘油滑石粉隔离剂(甘油与滑石粉的质量比为 2∶1);工业酒精、食盐等。

25.5　实验方法

1. 试样准备

将恒温水槽调节至实验要求的温度,且温度±0.1 ℃恒定。对于基质沥青,建议为 15 ℃;对于改性沥青,建议为 5 ℃。

将隔离剂均匀地涂于清洁干净的试模底板、两个侧模的内侧表面,然后将试模在试模底板上组装好。将沥青加热至流动状态,呈细流状仔细地自试模的一端至另一端往返数次缓缓地注入模中,最后使试样略高出试模。灌模时,不得使气泡混入。

试件在室温条件下冷却不少于 1.5 h,然后置于规定实验温度±0.1 ℃的恒温水槽中,保持 30 min 后取出,用热刮刀将高出试模的沥青刮去,应自试模的中间刮向两边,表面应刮得十分平滑,使沥青表面与模面齐平。将试件连同试模底板浸入规定实验温度的水槽中保温 1.5 h。

2. 实验步骤

检查延度仪拉伸速度是否符合要求,然后移动滑板使其指针正对标尺的零点,确保延度仪水槽中水温为实验温度±0.1 ℃。

将保温后的试件连同底板移至延度仪水槽中,然后将盛有试件的试模从玻璃板或不锈钢板上取下,将模具两端的孔分别套在滑板及槽端的金属柱上,去掉侧模,水面距试件表面应不小于 25 mm。开动延度仪,仪器不得有振动,水面不得有晃动。观察沥青的延伸情况,若发现沥青细丝浮于水面或沉入槽底时，应在水中加入酒精或食盐，以调节水的密度至与试样的密度相近，然后重新测定。

试件拉断时指针所指标尺上的读数即为试样的延度，以 cm 为单位。正常情况下，试样延伸时应成锥尖状，拉断时实际断面接近于零。若不能得到这种结果，则应在报告中注明。

25.6 实验结果整理及报告要求

沥青延度实验，同一试样每次平行实验不少于 3 个，测试结果记录在表 25-1 中。

若 3 个测定结果均大于 100 cm，实验结果记作>100 cm，特殊需要也可分别记录实测值。若 3 个测定结果中，有一个以上的测定值小于 100 cm 时，且最大值或最小值与平均值之差满足重复性实验的精度要求，则取 3 个测定结果的平均值的整数作为延度实验结果，若平均值大于 100 cm，记作>100 cm。如果最大值或最小值与平均值之差不符合重复性实验精度要求，实验应重新进行。

当实验结果小于 100 cm 时，重复性实验的允许误差为平均值的 20%；再现性实验的允许误差为平均值的 30%。

表 25-1 延度实验实际测试结果

<table>
<tr><td rowspan="2">延度/cm</td><td>测试 1</td><td>测试 2</td><td>测试 3</td><td>平均值</td><td>实验温度/℃</td></tr>
<tr><td></td><td></td><td></td><td></td><td rowspan="3"></td></tr>
<tr><td>最大最小值之差/cm</td><td colspan="4"></td></tr>
<tr><td>实验允许误差/cm</td><td colspan="4"></td></tr>
</table>

25.7 思考题

(1) 延度测试时，如果拉伸速率小于 5 cm/min，在这种情况下，测试的延度值与实际延度值相比是偏大还是偏小？

(2) 温度是如何影响延度大小的？

(3) 延度指标表征沥青的什么性能？工程上对沥青延度有怎样的要求？

实验 26 沥青薄膜加热实验

26.1 实验的相关知识点

(1) 沥青薄膜加热实验(Thin Film Oven Test，TFOT)测试方法。

(2) 质量变化的计算方法。

(3) 老化对沥青三大指标的影响。

26.2 实验目的

沥青薄膜加热实验模拟沥青在拌和过程及运输至施工现场过程中的老化，以评定沥青的耐老化性能。

26.3 实验内容

沥青与集料在拌和楼进行拌和后，由运输专用车运到施工现场进行摊铺。在拌和楼拌和过程中及运输至施工现场的过程中，沥青会经历热老化，又称为短期老化。在室内实验中，可采用沥青薄膜加热实验来模拟沥青的短期老化，并根据需要测试薄膜加热后沥青残留物的针入度、软化点、延度、黏度等性质的变化，以评定沥青的耐老化性能。

26.4 实验的主要仪器设备和其他材料

(1) 薄膜加热烘箱：薄膜加热烘箱的形状和尺寸如图 26-1 所示，工作温度范围可达 200 ℃，控温的精确度为 1 ℃，装有温度调节器和可转动的圆盘架，圆盘架如图 26-2 所示。圆盘直径为 360～370 mm，上有浅槽 4 个，供放置盛样皿，转盘中心有一垂直轴悬挂于烘箱的中央，由传动机构使转盘水平转动，转速为(5.5±1) r/min。门为双层，两层之间应留有间隙，内层门为玻璃制，只要打开外门，便可通过玻璃窗读取烘箱中温度计的读数。烘箱应能自动通风。

(2) 盛样皿：内径为(140±1) mm，深度为 9.5～10 mm，内面光滑，可用不锈钢或铝制成，不少于 4 个，在使用中不变形。

(3) 天平：感量不大于 1 mg；

(4) 其他：干燥剂、计时器、温度计等。

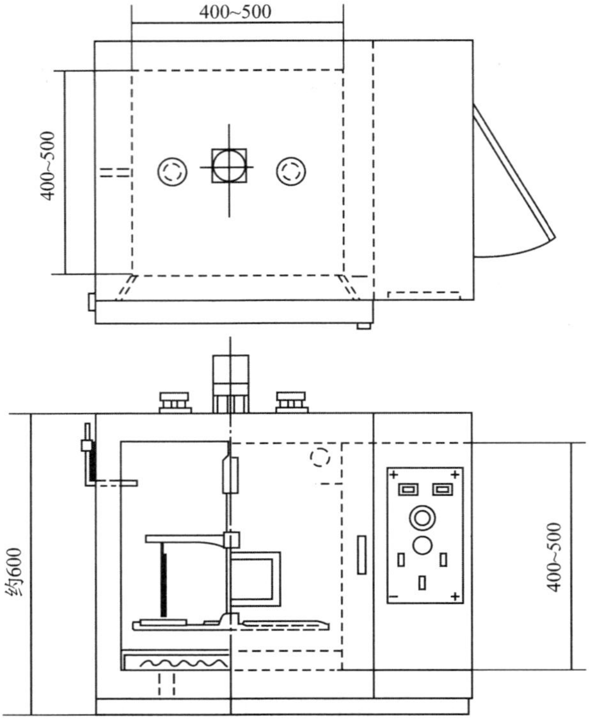

图 26-1 薄膜加热烘箱示意(单位:mm)

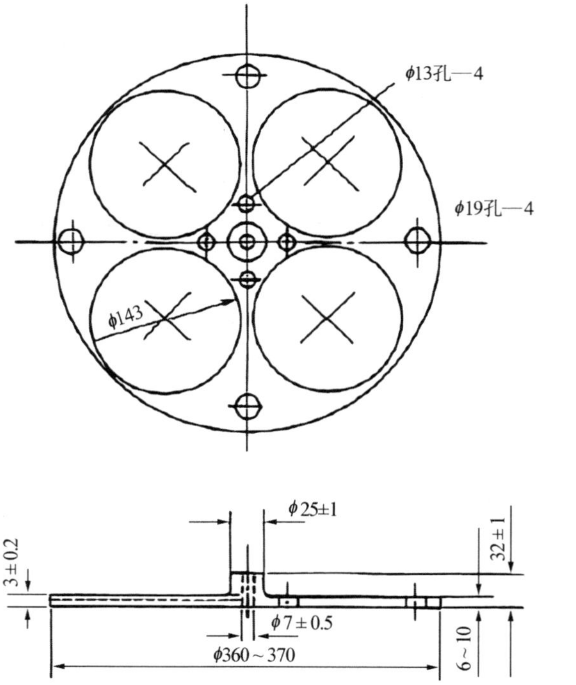

图 26-2 圆盘架示意(单位:mm)

26.5　实验方法

1. 试样准备

将洁净、烘干、冷却后的盛样皿编号，称其质量 m_0，精确至 1 mg。将沥青加热到流动状态，分别注入 4 个已称质量的盛样皿中(50±0.5) g，并形成沥青厚度均匀的薄膜，放入干燥器中冷却至室温后称取质量 m_1，精确至 1 mg。将烘箱加热并保持在(163±1) ℃。

2. 实验步骤

把烘箱调整水平，使转盘在水平面以(5.5±1) r/min 的速度旋转，转盘与水平面倾角不大于 3°。在烘箱达到恒温 163 ℃后，迅速将盛有试样的盛样皿放入烘箱内的转盘上，并关闭烘箱门，开动转盘架；待烘箱内温度回升至 162 ℃时开始计时，并在(163±1) ℃温度下保持 5 h。但从放置试样开始至实验结束的总时长不得超过 5.25 h。

实验结束后，从烘箱中取出盛样皿，随机取其中两个盛样皿放入干燥器中冷却至室温后，分别称其质量 m_2，精确至 1 mg。

薄膜加热老化后的沥青残留物可根据需要进行针入度、软化点、延度、黏度等实验。

26.6　实验结果整理及报告要求

1. 质量损失

沥青薄膜加热实验后质量变化可按式(26-1)计算，精确至 3 位小数(质量减少为负值，质量增加为正值)。

$$L_T = \frac{m_2 - m_0}{m_1 - m_0} \times 100\% \tag{26-1}$$

式中　L_T——试样薄膜加热质量变化；

m_0——盛样皿质量，g；

m_1——薄膜烘箱加热前盛样皿与试样合计质量，g；

m_2——薄膜烘箱加热后盛样皿与试样合计质量，g。

当两个试样皿的质量变化符合重复性实验允许误差要求时，取其平均值作为实验结果，精确至 3 位小数。

当薄膜加热后质量变化小于或等于 0.4%时，重复性实验的允许误差为 0.04%，再现性实验的允许误差为 0.16%。

当薄膜加热后质量变化大于 0.4%时，重复性实验的允许误差为平均值的 8%，再现性实验的允许误差为平均值的 40%。

2. 残留物针入度比

沥青薄膜加热实验后，残留物针入度比是残留物针入度占原试样针入度的比值，按式(26-2)计算：

$$K_P = \frac{P_2}{P_1} \times 100\% \tag{26-2}$$

式中　K_P——试样薄膜加热后残留物针入度比；

P_1——薄膜烘箱加热前原试样的针入度，0.1 mm；
P_2——薄膜烘箱加热后残留物的针入度，0.1 mm。

3. *残留物软化点增值*

沥青薄膜加热实验后，残留物软化点增值按式(26-3)计算：

$$\Delta T = T_2 - T_1 \tag{26-3}$$

式中 ΔT——薄膜烘箱加热后软化点增值，℃；
T_1——薄膜烘箱加热前原试样的软化点，℃；
T_2——薄膜烘箱加热后残留物的软化点，℃。

26.7 思考题

(1) 薄膜加热实验后，如果盛样皿未放入干燥器中冷却至室温后就称其质量，将导致质量损失偏大还是偏小?

(2) 质量损失为正值表示薄膜加热后沥青质量增加，分析其可能的原因。

(3) 对于普通的基质沥青和改性沥青，采用 163 ℃的薄膜加热温度是否合理? 如果不合理，分析原因并给出调整建议。

实验 27　沥青旋转薄膜加热实验

27.1　实验的相关知识点

(1) 沥青旋转薄膜加热实验(Rolling Thin Film Oven Test, RTFOT)测试方法。

(2) TFOT 和 RTFOT 的区别与联系。

27.2　实验目的

沥青旋转薄膜加热实验是模拟沥青在拌和过程中及运输至施工现场过程中的老化,以评定沥青的耐老化性能。

27.3　实验内容

沥青与集料在拌和楼进行拌和后,由运输专用车运到施工现场进行摊铺。在拌和楼拌和过程中及运输至施工现场的过程中,沥青会经历热老化,又称为短期老化。在室内实验中,可采用旋转薄膜加热实验来模拟沥青的短期老化,并根据需要测试旋转薄膜加热后沥青残留物的针入度、软化点、延度、黏度等性质的变化,以评定沥青的耐老化性能。

27.4　实验的主要仪器设备和其他材料

1. 旋转薄膜烘箱

旋转薄膜烘箱的形状和尺寸如图 27-1 所示。烘箱具有双层壁,电热系统应有温度自动调节器,可保持温度为(163±0.5) ℃,其内部尺寸为高 381 mm、宽 483 mm、深(445±13) mm(关门后)。烘箱门上有一双层耐热的玻璃窗,其宽为 305～380 mm、高为 203～229 mm,可以通过此窗观察烘箱内部的实验情况。最上部的加热元件应位于烘箱顶板下方(25±3) mm,烘箱应调整成水平状态。烘箱顶部及底部均有通气口。

烘箱温度的传感器装置在距左侧 25.4 mm 及空气封闭箱内上顶板下约 38.1 mm 处。温度控制器应能使全部装好沥青试样后,在 10 min 之内达到实验温度。

烘箱内有一个直径为 304.8 mm 的垂直环形架,架上装备有适当的能封闭及开启 8 个水平放置的玻璃盛样瓶的固定装置。垂直环形架通过直径 19 mm 的轴,以(15±0.2) r/min 的速度转动。

烘箱内装备有一个空气喷嘴,在最低位置上向转动玻璃盛样瓶喷进热空气。喷嘴孔径为 1.106 mm,连接着一根长 7.6 m、外径为 8 mm 的铜管。铜管水平盘绕在烘箱的底部,并连通着一个能调节流量、新鲜的和无尘的空气源。为保证空气充分干燥,可用活性硅胶作为指示剂。在烘箱表面上装备有温度指示器,空气流量计的流量应为(4 000±200) mL/min。

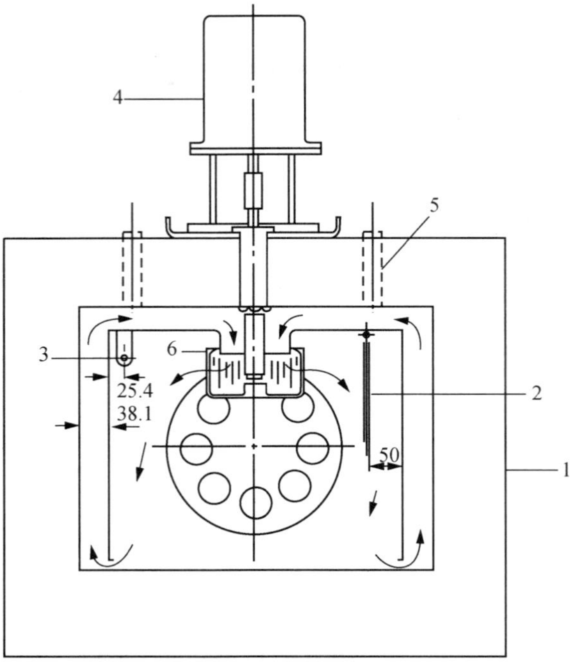

1—恒温箱；2—温度计；3—温度传感器；4—风扇电动机；5—换气孔；6—箱形风扇

图 27-1 旋转薄膜烘箱示意(单位:mm)

2. 盛样瓶

盛样瓶高为(139.7±1.5) mm,外径为(64±1.2) mm,壁厚(2.4±0.3) mm,口部直径为(31.75±1.5) mm,采用耐热玻璃制成,如图 27-2 所示。

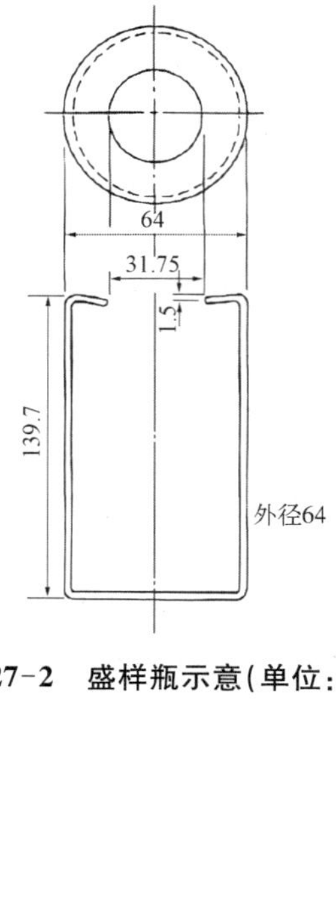

图 27-2 盛样瓶示意(单位:mm)

3. 天平

天平的感量不大于 1 mg。

4. 其他

干燥剂、温度计、汽油、三氯乙烯等。

27.5 实验方法

1. 试样准备

用汽油或三氯乙烯洗净盛样瓶后，置于温度为(105±5) ℃烘箱中烘干，并在干燥器中冷却后编号称其质量 m_0，精确至 1 mg。盛样瓶的数量应能满足实验的试样需要，通常不少于 8 个。

把旋转薄膜烘箱调节水平，并在(163±0.5) ℃下预热不少于 16 h，使箱内空气充分加热均匀。

将沥青加热到流动状态，分别注入已称质量的盛样瓶中，其质量为(35±0.5) g，放入干燥器中冷却至室温后称取质量 m_1，精确至 1 mg。

2. 实验步骤

将称量后的全部试样放入烘箱环形架的各个瓶位中，关上烘箱门后开启环形架转动开关，以(15±0.2) r/min 的速度转动。同时开始将流速为(4 000±200) mL/min 的热空气喷入转动着的盛样瓶的试样中，烘箱的温度应在 10 min 内回升至(163±0.5) ℃，使试样在(163±0.5) ℃的温度下受热时间不少于 75 min。总的持续时间为 85 min。若 10 min 内达不到实验温度，则实验不得继续进行。

到达时间后，停止环形架转动及喷射热空气，随机取其中两个盛样皿放入干燥器中冷却至室温后，分别称其质量 m_2，精确至 1 mg。

旋转薄膜加热老化后的沥青残留物可根据需要进行针入度、软化点、延度、黏度等实验。

27.6 实验结果整理及报告要求

1. 质量损失

沥青薄膜加热实验后质量变化可按式(27-1)计算，精确至 3 位小数(质量减少为负值，质量增加为正值)。

$$L_T = \frac{m_2 - m_0}{m_1 - m_0} \times 100\% \tag{27-1}$$

式中 L_T ——试样薄膜加热质量变化；

m_0——盛样瓶质量，g；

m_1——旋转薄膜烘箱加热前盛样瓶与试样合计质量，g；

m_2——旋转薄膜烘箱加热后盛样瓶与试样合计质量，g。

当两个试样瓶的质量变化符合重复性实验允许误差要求时，取其平均值作为实验结果，精确至 3 位小数。

当旋转薄膜加热后质量变化小于或等于 0.4%时，重复性实验的允许误差为 0.04%，再现性实验的允许误差为 0.16%。

当旋转薄膜加热后质量变化大于 0.4%时，重复性实验的允许误差为平均值的 8%，再现性实验的允许误差为平均值的40%。

2. 残留物针入度比

沥青旋转薄膜加热实验后，残留物针入度比是残留物针入度占原试样针入度的比值，按式(27-2)计算：

$$K_P = \frac{P_2}{P_1} \times 100\% \tag{27-2}$$

式中 K_P ——试样旋转薄膜加热后残留物针入度比；

P_1——旋转薄膜烘箱加热前原试样的针入度，0.1 mm；

P_2——旋转薄膜烘箱加热后残留物的针入度，0.1 mm。

3. 残留物软化点增值

沥青旋转薄膜加热实验后，残留物软化点的增值按式(27-3)计算：

$$\Delta T = T_2 - T_1 \tag{27-3}$$

式中 ΔT ——旋转薄膜烘箱加热后软化点增值，℃；

T_1——旋转薄膜烘箱加热前原试样的软化点，℃；

T_2——旋转薄膜烘箱加热后残留物的软化点，℃。

27.7 思考题

(1) 对比分析沥青旋转薄膜加热实验和沥青薄膜加热实验的优缺点。

(2) 沥青旋转薄膜加热实验和沥青薄膜加热实验，哪个对沥青的老化程度影响更大?

(3) 对于普通的基质沥青和改性沥青而言，采用163 ℃的旋转薄膜加热温度是否合理?如果不合理，分析原因并给出调整建议。

实验 28　沥青旋转黏度实验

28.1　实验的相关知识点

（1）沥青的旋转黏度测试方法。

（2）旋转黏度表征的沥青性能。

28.2　实验目的

测试沥青在不同温度下的布什黏度，绘制黏温曲线，根据黏温曲线确定沥青混合料的拌和温度和压实温度。

28.3　实验内容

采用布洛克菲尔德（Brookfield）黏度计测试沥青在 45 ℃以上温度范围内的表观黏度（又称布什黏度），根据测试结果得到沥青黏温曲线，了解沥青黏温特性。

28.4　实验的主要仪器设备和其他材料

（1）Brookfield 黏度计具有直接显示黏度、扭矩、剪切应力、剪变率、转速和实验温度等功能，如图 28-1 所示。它由以下几部分组成：适用于不同黏度范围的标准高温黏度测量系统，如 LV，RV，HA 或 HB 型系列等，其量程应满足被测各种沥青黏度的要求；不同型号的转子可根据沥青黏度选用；自动温度控制系统包括恒温室、恒温控制器、盛样筒（试管形状）、温度传感器等；数据采集和显示系统、绘图记录设备等。

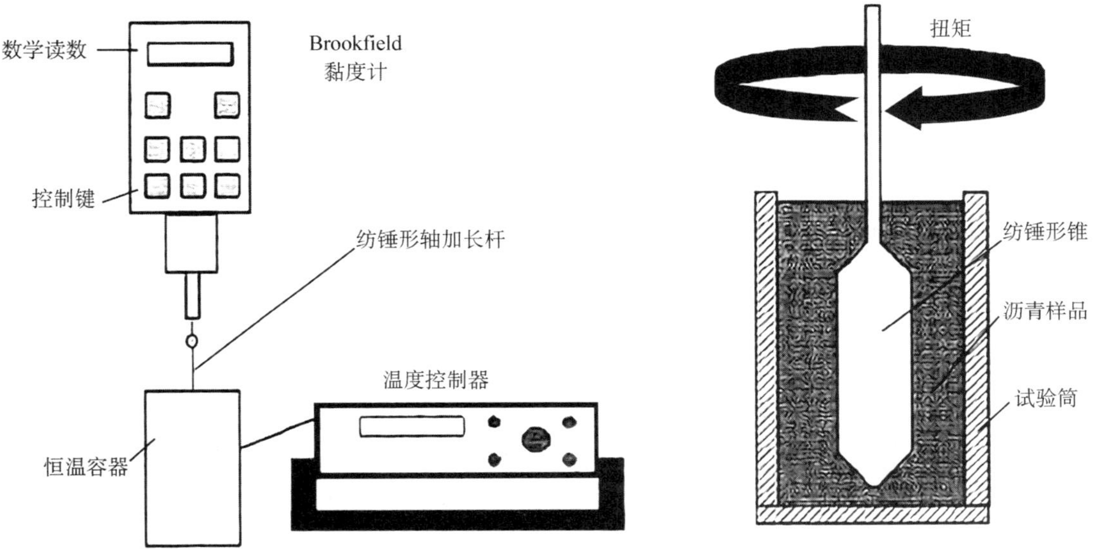

图 28-1　Brookfield 黏度计示意

(2) 烘箱:有自动温度控制器,控温的精确度为±1 ℃。

(3) 标准温度计:分度值为 0.1 ℃。

(4) 秒表等。

28.5 实验方法

1. 试样准备

将沥青加热到流动状态备用。仪器在安装时必须调至水平,使用前检查仪器的水准器气泡是否对中。

2. 实验步骤

开启黏度计温度控制器电源,设定温度控制系统至要求的实验温度。

根据估计的沥青黏度,按仪器说明书规定的不同型号的转子所适用的速率和黏度范围,选择适宜的转子。按转子型号所要求的体积向黏度计的盛样筒中加入沥青试样。加入沥青试样后的液面应符合不同型号转子的规定要求。将转子与盛样筒一起置于已控温至实验温度的烘箱中,保温 1.5 h。

取出转子和盛样筒安装在黏度计上,降低黏度计,使转子插入盛样筒的沥青液面中至规定的高度。使沥青试样在恒温容器中保温,达到实验所需的平衡温度(不少于 15 min)。

按仪器说明书的要求选择转子速率。启动 Brookfield 黏度计,观察读数,扭矩读数应在 10%~98%范围内。在整个测量黏度的过程中,不得改变设定的转速。观测黏度变化,当小数点后 2 位数字稳定后再读数,在每个实验温度下,每隔 60 s 读一次数,连续读数 3 次,以 3 次读数的平均值作为测定值。

对于每个要求的实验温度,重复以上过程进行实验,实验温度宜从低到高进行,盛样筒和转子的恒温时间应不小于 1.5 h。

如果实验温度下的扭矩读数不在 10%~98%范围内,必须更换转子或降低转速后重新实验。

28.6 实验结果整理及报告要求

1. 布什黏度

同一种试样至少平行实验 2 次,当 2 次的测定结果符合重复性实验允许误差要求时,以平均值作为测定值,同时,记录实验温度、转子的型号和转速。其中,重复性实验的允许误差为平均值的 3.5%,再现性实验的允许误差为平均值的 14.5%。

2. 拌和温度和压实温度

将不同温度条件下测定的黏度绘制于图 28-2 所示的黏温曲线中,根据黏温曲线确定沥青混合料的施工温度。当使用石油沥青时,宜以黏度为(0.17±0.02) Pa·s 时的温度作为拌和温度范围;以(0.28±0.03) Pa·s 时的温度作为压实温度范围。

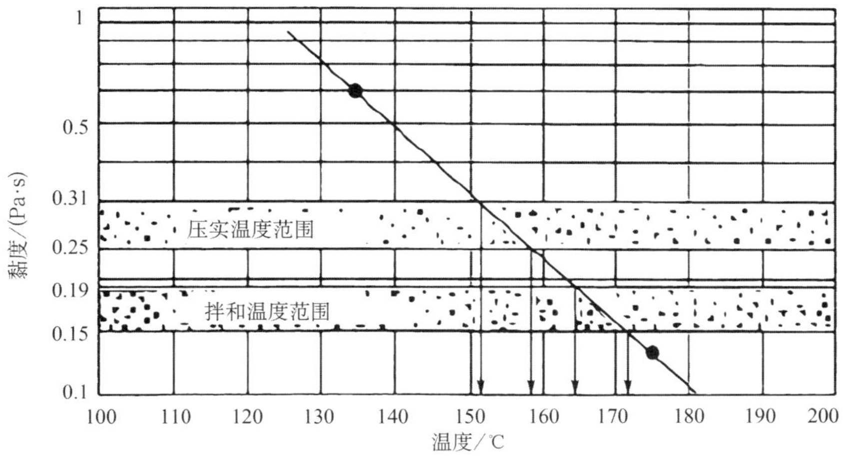

图 28-2　由沥青结合料的黏度曲线确定施工温度

28.7　思考题

同一种沥青在特定温度下的黏度，当采用 2 种不同的转子测试时，扭矩读数都在 10%～98%范围内，这两个测试结果一样吗？如果不一样，请分析原因。

实验 29 沥青离析实验

29.1 实验的相关知识点

(1) 沥青的离析实验测试方法。
(2) 离析实验表征的沥青性能。

29.2 实验目的

测试聚合物改性沥青的离析性,据此评价改性剂与基质沥青的相容性。

29.3 实验内容

采用离析实验评价聚合物改性沥青静置一段时间后上、下层沥青的软化点,根据软化点之差评价改性剂与基质沥青的相容性,以此判断沥青的存储稳定性。

29.4 实验的主要仪器设备和其他材料

(1) 沥青软化点测定仪,参见软化点实验。
(2) 实验用标准筛,筛孔尺寸为 0.3 mm。
(3) 盛样管:铝管,直径约 25 mm,长约 140 mm,一端开口。
(4) 烘箱:能保温(163±5) ℃。
(5) 支架:能支撑盛样管,竖立放入烘箱及冰箱中。
(6) 盛样皿:标准的沥青针入度金属盛样皿。
(7) 冰箱。
(8) 其他:剪刀、小夹子、样品盒、烧杯、小刮刀、小锤、甘油、滑石粉、隔离剂等。

29.5 实验方法

1. 试样准备

准备好盛样管,将盛样管装在支架上。将聚合物改性沥青加热至流动状态,过 0.3 mm 筛后,注入竖立的盛样管中,数量约为 50 g。

2. 实验步骤

将盛样管连同架子一起放入(163±5) ℃的烘箱中,在不受任何扰动的情况下,静放(48±1) h。加热结束后,将盛样管连支架一起从烘箱中取出放入冰箱,保持盛样管处于竖立状态不少于 4 h,使改性沥青试样凝为固体。待沥青全部固化后,将盛样管从冰箱中取出。

待试样温度稍有回升发软,用剪刀将盛样管剪成相等的 3 截,取顶部和底部各 1/3 试样分别放入样品盒或小烧杯中,再放入(163±5) ℃的烘箱中融化后,分别灌入软化点试模中,进行软化点实验。

29.6　实验结果整理及报告要求

对盛样管顶部和底部的沥青进行软化点实验，测试二者的软化点差。应进行 2 次平行实验，取平均值。

29.7　思考题

（1）工程上采用离析性能不好的沥青，会存在什么问题？

（2）聚合物改性沥青制备时，如何改善其离析性能？

实验 30　水泥细度实验(筛析法)

30.1　实验的相关知识点

(1) 水泥细度的物理意义。

(2) 水泥筛余百分数。

30.2　实验目的

掌握采用筛析法测试水泥细度,理解水泥细度表征的物理意义。

30.3　实验内容

水泥细度是指水泥颗粒总体的粗细程度。水泥颗粒越细,与水发生反应的表面积就越大,因而水化反应速度较快,而且较完全,早期强度也越高。筛析法是常用的表征水泥细度的方法之一,是用一定孔径的筛子筛分水泥,计算留在筛子上的较粗颗粒占水泥总量的比例,具体采用水泥筛余百分数表征。

30.4　实验的主要仪器设备和其他材料

(1) 试验筛由圆形筛框和筛网组成,分负压筛和水筛两种,其结构尺寸如图 30-1 和图 30-2 所示。筛网应紧绷在筛框上,筛网和筛框接触处应用防水胶密封,以防止水泥嵌入。负压筛为 45 μm 方孔筛。

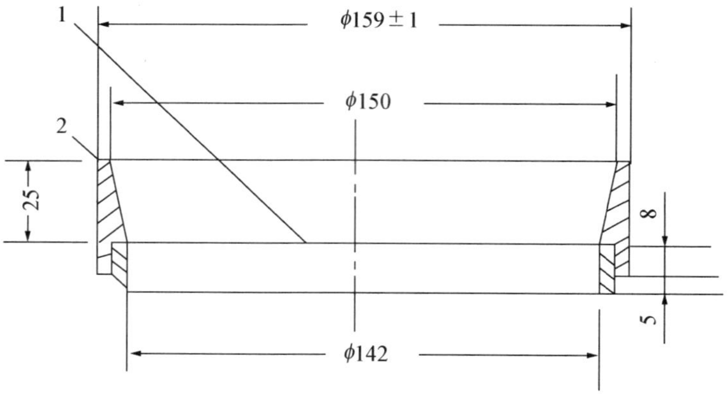

1—筛网; 2—筛框

图 30-1　负压筛示意(单位:mm)

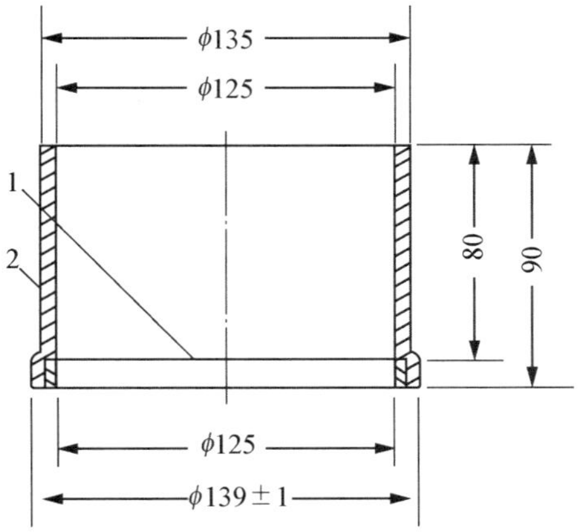

1—筛网；2—筛框

图 30-2　水筛示意(单位:mm)

(2) 负压筛析仪由筛座、负压筛、负压源及收尘器等组成,其中筛座的喷气嘴转速为(30±2) r/min;负压可调范围为 4 000～6 000 Pa;负压源和收尘器由功率不小于 600 W 的工业吸尘器和小型旋风收尘筒或由其他具有相当功能的设备组成。

(3) 水筛架和喷头:水筛架上筛座内径为(139±1) mm。

(4) 天平:量程应不小于 100 g,感量不大于 0.01 g。

30.5　实验方法

1. 实验准备

水泥样品应充分拌匀,通过 0.9 mm 筛,记录筛余物情况,要防止过筛时混进其他粉体。

2. 实验步骤

1) 负压筛法

实验前,应把负压筛放在筛座上,盖上筛盖,接通电源,检查控制系统,调节负压至 4 000～6 000 Pa。称取试样 10 g,精确至 0.01 g。把试样置于洁净的负压筛中,盖上筛盖,开动筛析仪连续筛析 120 s,在此期间如有试样附着在筛盖上,可轻轻敲击使试样落下。筛毕,用天平称量筛余物质量,精确至 0.01 g。

当工作负压小于 4 000 Pa 时,应清理吸尘器内水泥,使负压恢复正常。

2) 水筛法

实验前,调整好水压及水筛架的位置,使其能正常运转。喷头底面和筛网之间距离为 35～75 mm。称取试样 50 g,置于洁净的水筛中,用淡水冲洗至大部分细粉通过后,放在水筛架上,用水压为(0.05±0.02) MPa 的喷头连续冲洗 180 s。筛毕,用少量水把筛余物冲至蒸发皿中,等水泥颗粒全部沉淀后,小心地倒出清水,烘干筛余物并用天平称量其质量,精确至 0.01 g。

试验筛必须保持洁净,筛孔通畅,使用 10 次以后要进行清洗。金属框筛、铜丝网筛清洗时,应用专门的清洗剂,不可用弱酸浸泡。

30.6 实验结果整理及报告要求

水泥筛余百分数按式(30-1)计算,结果计算精确至0.1%。

$$F=\frac{R_s}{m}\times 100\% \tag{30-1}$$

式中 F ——水泥试样的筛余百分数;

R_s ——水泥筛余物的质量,g;

m ——水泥试样的质量,g。

以两次平行实验结果的算术平均值作为测定值,结果精确至0.1%;当两次筛余结果相差大于0.3%时,实验数据无效,须重新实验。

当负压筛法与水筛法测定的结果发生争议时,以负压筛法为准。

30.7 思考题

(1) 为什么要控制水泥的细度?

(2) 负压筛法和水筛法各有什么优缺点?

实验 31　水泥密度实验

31.1　实验的相关知识点

（1）水泥密度的物理意义。

（2）采用李氏瓶法测试水泥密度。

31.2　实验目的

掌握水泥密度测试方法，测定的水泥密度可为混凝土配合比设计提供原材料的性能参数。

31.3　实验内容

采用李氏瓶法测试水泥的密度，具体是将水泥倒入装有一定量液体介质的李氏瓶内，水泥的体积等于它所排开的液体体积。为了使测定的水泥不产生水化反应，液体介质采用无水煤油。

31.4　实验的主要仪器设备和其他材料

（1）李氏瓶：容积为 220～250 mL，带有长 180～200 mm 且直径约为 10 mm 的细颈，细颈刻度由 0～1 mL 和 18～24 mL 两段刻度组成，且 0～1 mL 和 18～24 mL 均以 0.1 mL 为分度值，任何标明的容量误差都不得大于 0.05 mL。李氏瓶示意图如图 31-1 所示。

（2）天平：量程不小于 100 g，感量不大于 0.01 g。

（3）温度计：量程包含 0～50 ℃，分度值不大于 0.1 ℃。

（4）恒温水槽：应有足够大的容积，使水温可以稳定控制在(20±1) ℃。

（5）药匙：长度不小于 200 mm。

（6）无水煤油。

31.5　实验方法

1. 实验准备

水泥试样应预先过 0.9 mm 筛，在(110±5) ℃温度下干燥 1 h，并且在干燥器内冷却至室温。

2. 实验步骤

称取水泥质量 m (60 g)，精确至 0.01 g。将无水煤油注入李氏瓶中，液面至 0～1 mL 刻度线内。盖上瓶塞并放入恒温水槽内，使刻度部分浸入水中[水温应控制在(20±0.5) ℃]，恒温至少 30 min，记下无水煤油的初始(第一次)读数 V_1，精确至 0.1 mL。从恒温水槽中取出李氏瓶，先将瓶外表面的水分擦净，再用滤纸将李氏瓶内零点以上无煤油的部分仔细擦净。用药匙将水泥样品一点点地装入李氏瓶中，反复摇动李氏瓶，直至没有气

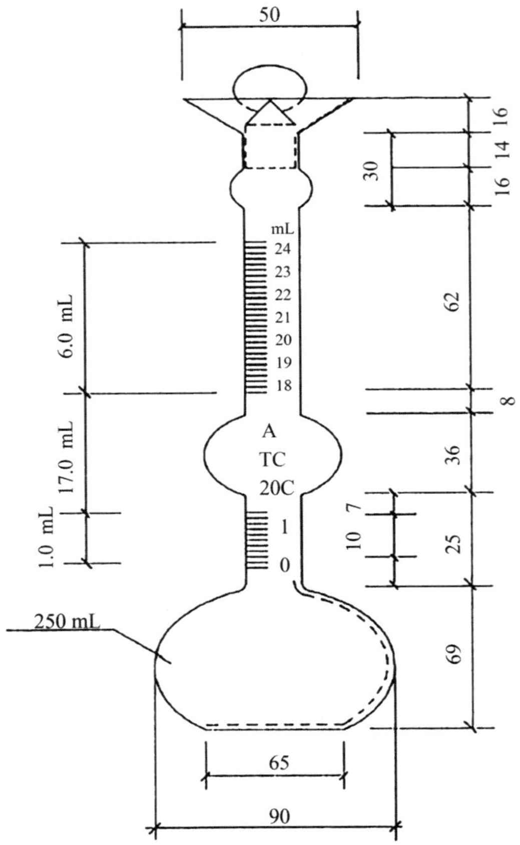

图 31-1 李氏瓶示意(单位:mm)

泡排出或用超声波振动将气泡排完为止,再次将李氏瓶静置于恒温水槽内,使刻度部分浸入水中,在相同温度下恒温至少 30 min,记下第二次读数 V_2,精确至 0.1 mL。第一次读数和第二次读数时,恒温水槽的温度差不得大于 0.5 ℃。

31.6 实验结果整理及报告要求

水泥密度按式(31-1)计算,结果精确至 10 kg/m^3:

$$\rho = 1\,000 \times \frac{m}{V_2 - V_1} \tag{31-1}$$

式中 ρ ——水泥的密度,kg/m^3;

m ——装入密度瓶的水泥质量,g;

V_1——李氏瓶第一次读数,mL;

V_2——李氏瓶第二次读数,mL。

以 2 次平行试验结果的算术平均值作为测定值，2 次试验结果的允许偏差不得大于 20 kg/m^3，否则试验数据无效，需重新试验。

31.7　思考题

实验时，如何操作可以提高水泥密度测试结果的精度？

实验 32 水泥标准稠度用水量、凝结时间、安定性实验

32.1 实验的相关知识点

(1) 标准稠度用水量的测试方法。

(2) 初凝时间和终凝时间的确定。

(3) 安定性的测试方法。

32.2 实验目的

了解标准稠度和标准稠度用水量的概念，测定水泥净浆达到标准稠度时的用水量。进一步了解水泥初凝和终凝的概念，测定水泥凝结所需的时间，分析凝结时间对施工质量的影响。掌握水泥安定性检验与分析方法。

32.3 实验内容

通过测试不同含水量水泥净浆的穿透性，确定水泥标准稠度净浆中所需加入的水量即为标准稠度用水量。

水泥凝结时间用水泥净浆标准稠度与凝结时间测定仪测定。当试针在不同凝结程度的净浆中自由沉落时，试针下沉的深度随凝结程度的提高而减少。根据试针下沉的深度就可判断水泥的初凝和终凝状态，从而确定初凝时间和终凝时间。

水泥拌水后在硬化过程中一般都会发生体积变化，反映水泥硬化后体积变化均匀性的指标称为水泥的体积安定性，简称水泥安定性。

32.4 实验的主要仪器设备和其他材料

(1) 水泥净浆搅拌机主要由搅拌锅、搅拌叶片、传动机构和控制系统组成。搅拌叶片在搅拌锅内做旋转方向相反的公转和自转，并可在竖直方向调节。搅拌锅可以升降，传动结构主要保证搅拌叶片按规定的方向和速度运转。

(2) 维卡仪。

盛装水泥净浆的试模如图 32-1(a)和(b)所示，深度为(40±0.2)mm，圆锥台的顶内径为(65±0.5)mm、底内径为(75±0.5)mm。每只试模应配备一块边长或直径约为100 mm、厚度为 4～5 mm 的平板玻璃底板。

标准稠度试杆如图 32-1(c)所示，有效长度为(50±1)mm、直径为(10±0.05)mm 的圆柱形。

凝结时间初凝用试针如图 32-1(d)所示，有效长度为(50±1)mm；终凝用试针如图 32-1(e)所示，有效长度为(30±1)mm。滑动部分的总质量为(300±1)g。与试杆、试针联结的滑动杆表面应光滑，能靠重力自由下落。

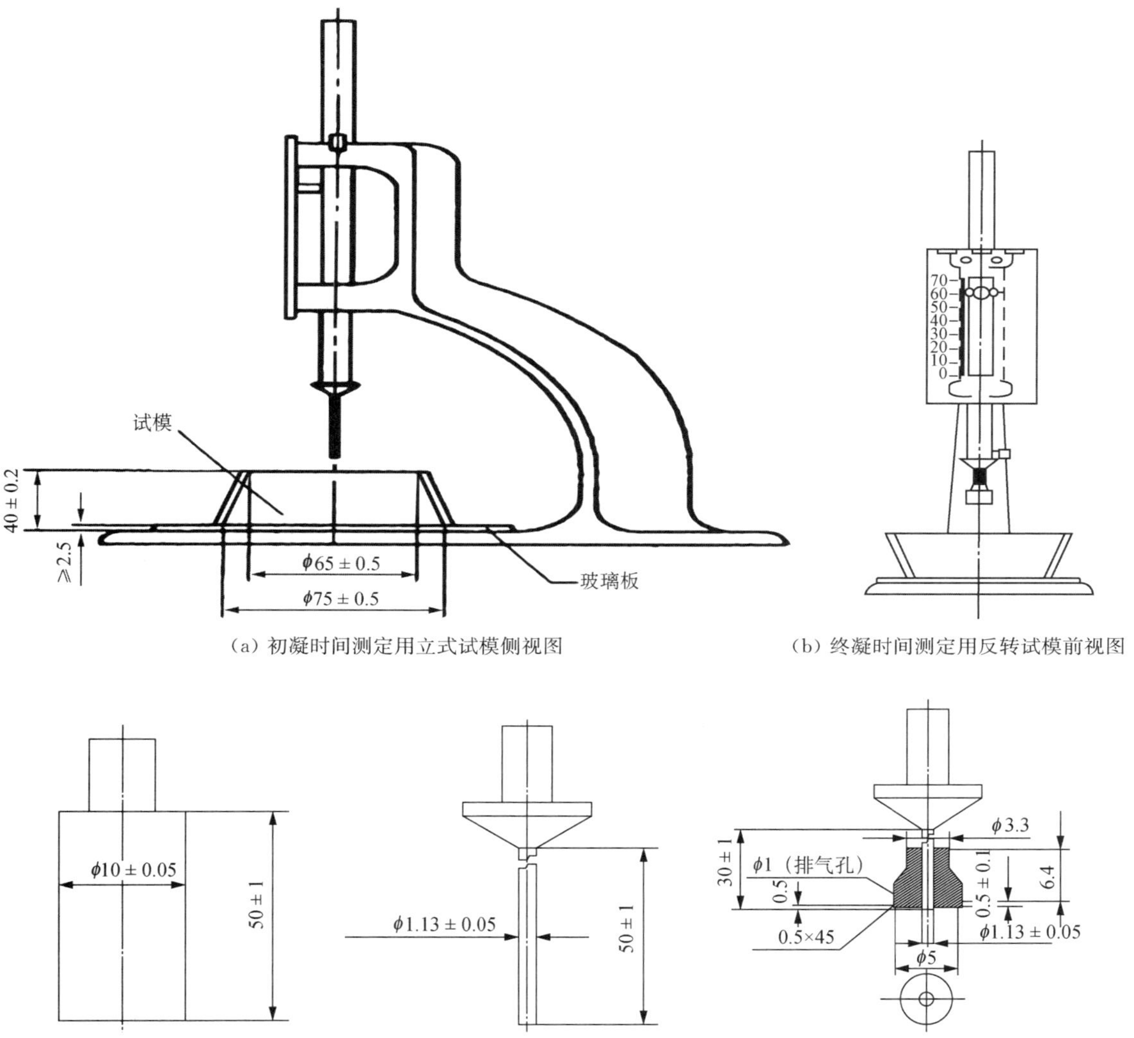

(a) 初凝时间测定用立式试模侧视图　(b) 终凝时间测定用反转试模前视图

(c) 标准稠度试杆　(d) 初凝用试针　(e) 终凝用试针

图 32-1　测定水泥标准稠度和凝结时间用的维卡仪示意(单位:mm)

(3) 沸煮箱。

(4) 水泥标准养护箱:温度控制在(20±1) ℃,相对湿度大于 90%。

(5) 秒表:分度值为 1 s。

32.5　实验方法

1. 实验准备

水泥应过 0.9 mm 筛,并记录筛余物的情况。需要注意的是,过筛时应防止混进其他粉料。实验用水宜为洁净的饮用水。

2. 实验方法

1) 标准稠度用水量的测定

实验前,检查维卡仪的金属棒是否能够自由滑动;试模和玻璃底板用湿布擦拭,将试模放在底板上，调整试杆当其接触玻璃板时，指针对准零点。

水泥净浆拌制：水泥净浆搅拌机的搅拌锅和搅拌叶片用湿布擦过，先将拌和水 m_1 倒入搅拌锅中，再将称好的水泥 m_0（约 500 g，精确至 0.1 g）加入水中；将搅拌锅放在锅座上，升至搅拌位置，启动搅拌机，低速搅拌 120 s，停 15 s；将叶片和锅壁上的水泥浆刮入锅中，接着高速搅拌 120 s 停机。

标准稠度用水量测定：拌和结束后，立即取适量水泥净浆一次性装入试模中，浆体超过试模上端，用宽约 25 mm 的直边刀轻轻拍打超出试模部分的浆体 5 次以排除浆体中的孔隙；然后在试模上表面约 1/3 处略倾斜于试模分别向外轻轻锯掉多余净浆，再从试模边缘轻抹顶部一次，使净浆表面光滑；将试模和底板移到维卡仪上，中心定在试杆下，降低试杆直到与水泥净浆表面接触，拧紧螺丝 1～2 s 后突然放松，使试杆垂直自由地沉入水泥净浆中；在试杆停止沉入或释放试杆 30 s 时记录试杆距底板之间的距离，升起试杆后，立即擦净。整个操作应在搅拌后 90 s 内完成。

以试杆沉入净浆并距底板（6±1）mm 的水泥净浆作为标准稠度净浆。其拌和水量为该水泥的标准稠度用水量 p，按水泥质量的百分比计，结果精确至 1%。当试杆距玻璃板的距离小于 5 mm 时，应适当减水，重复水泥浆拌制和上述过程；当试件距玻璃板的距离大于 7 mm 时，则应适当加水，并重复水泥浆拌制和上述过程。

2）凝结时间的测定

（1）实验前：调整凝结时间测定仪的试针接触玻璃板时，指针应对准零点。

（2）试件制备：以标准稠度用水量制成标准稠度净浆，记录水泥全部加入水中的时间 t_0，一次装满试模，振动数次刮平，立即放入养护箱中。

（3）初凝时间的测定：试件在养护箱中养护至加水后 30 min 时进行第一次测定。测定时，从养护箱中取出试模放到试针下，降低试针直到与水泥净浆表面接触。拧紧螺丝 1～2 s 后，突然放松，使试针垂直自由地沉入水泥净浆中。观察试针停止沉入或释放试针 30 s 时指针的读数。当试针沉至距底板（4±1）mm 时，为水泥达到初凝状态，记录测试时间 t_1。当达到初凝时，应立即重复测一次，当两次结论相同时，才能定为达到初凝状态。应多次测试，临近初凝时每隔 5 min（或更短时间）测定一次。水泥全部加入水中至初凝状态的时间作为初凝时间，用 min 计。

（4）终凝时间的测定：为了准确观察试件沉入状况，在终凝针上安装了一个环形附件。在完成初凝时间测定后，立即将试模连同浆体以平移的方式从玻璃板取下，翻转 180°，直径大端向上，小端向下放在玻璃板上，再放入养护箱中继续养护。临近终凝时间时每隔 15 min（或更短时间）测定一次，当试针沉入试件 0.5 mm 时，即环形附件开始不能在试件上留下痕迹时，为水泥达到终凝状态，记录测试时间 t_2。达到终凝时，需要在试体另外两个不同点测试，结论相同时，才能确定达到终凝状态。由水泥全部加入水中至终凝状态的时间作为水泥的终凝时间，用 min 计。

（5）凝结时间测定时应注意，在最初的测定操作时，应轻轻扶持金属柱，使其徐徐下降，从而防止试针撞弯，但结果以自由下落为准；在整个测试过程中试针沉入的位置至少要距试模内壁 10 mm。每次测定不能让试针落入原针孔，每次测试完毕，须将试针擦净并将试模放回养护箱内，整个测试过程要防止试模振动。

3）安定性的测定

（1）实验前准备：每个样品需准备两块约 100 mm×100 mm 的玻璃板。凡与水泥净浆接触的玻璃板都要涂上一层油。

(2) 试饼成型方法：将制好的标准稠度净浆取出分成两等份，使之成球形，放在预先准备好的玻璃板上，轻轻振动玻璃板并用湿布擦净的小刀由边缘向中央抹动，做成直径为 70～80 mm、中心厚约 10 mm、边缘渐薄、表面光滑的试饼。将试饼放入养护箱内养护(24±2) h。

(3) 沸煮：调整好沸煮箱内的水位，使之在整个沸煮过程中都能没过试件。脱去玻璃板取下试件，检查试饼是否完整，在试饼无缺陷的情况下将试饼放在沸煮箱的水中箅板上，在(30±5) min 内加热至水沸腾，并恒沸(180±5) min。

(4) 沸煮结束后，放掉沸煮箱中的热水，打开箱盖，待箱体冷却至室温取出试件进行判别。目测试饼未发现裂缝，用直尺检查也没有弯曲(使钢直尺和试饼底部紧靠，以二者间不透光视为不弯曲)的试饼为安定性合格，反之为不合格。当两个试饼判别结果有矛盾时，该水泥的安定性为不合格。

32.6　实验结果整理及报告要求

1. 标准稠度用水量 p

标准稠度用水量 p 按式(32-1)计算，结果精确至 1%。

$$p=\frac{m_1}{m_0}\times 100\% \tag{32-1}$$

式中　p ——标准稠度用水量；

m_1——拌和用水量，g；

m_0——水泥质量，g。

2. 初凝时间 T_1

初凝时间 T_1 按式(32-2)计算，结果精确至 1 min。

$$T_1=t_1-t_0 \tag{32-2}$$

式中　T_1——初凝时间，min；

t_1——试针沉至距底板(4±1) mm 的时间，min；

t_0——水泥全部加入水中的时间，min。

3. 终凝时间 T_2

终凝时间 T_2 按式(32-3)计算，结果精确至 1 min。

$$T_2=t_2-t_0 \tag{32-3}$$

式中　T_2——终凝时间，min；

t_2——试针沉至距底板 0.5 mm 的时间，min；

t_0——水泥全部加入水中的时间，min。

32.7　思考题

(1) 为什么要测定水泥标准稠度用水量？

(2) 测定水泥标准稠度用水量中应注意哪些事项？

(3) 水泥的凝结时间与哪些因素有关？

实验 33 击实法成型沥青混合料试件

33.1 实验的相关知识点

(1) 马歇尔试件的制备方法。

(2) 油石比的物理意义。

33.2 实验目的

用击实法成型马歇尔试件,其主要用于马歇尔稳定度实验和劈裂强度实验。

33.3 实验内容

采用双面击实方法成型马歇尔试件,其具体尺寸为 ϕ101.6 mm×63.5 mm。

33.4 实验的主要仪器设备和其他材料

(1) 实验室用沥青混合料拌和机能保证拌和温度并能充分拌和均匀,可控制拌和时间,容量不小于 10 L,如图 33-1 所示。拌和叶片的自转速度为 70~80 r/min,公转速度为 40~50 r/min。

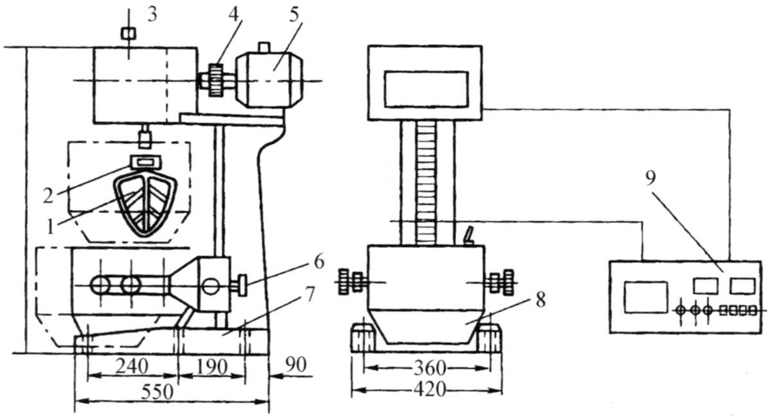

1—拌和叶片;2—弹簧;3—变速箱;4—联轴器;5—电机;
6—升降手柄;7—底座;8—热拌和锅;9—温度时间控制仪

图 33-1 实验室用小型沥青混合料拌和机示意(单位:mm)

(2) 标准击实仪由击实锤、直径 98.5 mm 的平圆形压实头及带手柄的导向棒组成。用人工或机械将压实锤举起从(457.2±1.5) mm 高度沿导向棒自由落下击实,标准击实锤质量为(4 536±9) g。

(3) 标准试模由高碳钢或工具钢制成。标准试模尺寸如下:内径为(101.6±0.2) mm、高为 87 mm 的圆柱形金属筒；底座直径约为 120.6 mm；套筒内径为 104.8 mm，高为 70 mm。

(4) 脱模器：电动或手动，备有标准圆柱体试件的推出环。

(5) 烘箱：大、中型烘箱各一台，装有温度调节器。

(6) 天平：用于称量矿料的分度值不大于 0.5 g，用于称量沥青的分度值不大于 0.1 g。

(7) Brookfield 黏度计。

(8) 温度计：分度值 1 ℃。宜采用金属插杆的插入式数显温度计，金属插杆的长度不小于 150 mm，量程 0～300 ℃。

(9) 其他：插刀或大螺丝刀、电炉或煤气炉、沥青熔化锅、拌和铲、标准筛、滤纸(或普通纸)、胶布、卡尺、秒表、粉笔、棉纱等。

33.5 实验方法

1. 实验准备

1) 确定沥青混合料的拌和温度与压实温度

采用 Brookfield 黏度计测试沥青在不同温度下的黏度，绘制黏温曲线。以黏度(0.17±0.02) Pa·s 时的温度作为拌和温度，以(0.28±0.03) Pa·s 时的温度作为压实温度。

当缺乏沥青黏度测定条件时，试件的拌和温度与压实温度可按表 33-1 选用，并可根据沥青品种和标号做适当调整。针入度小、稠度大的沥青取高限，针入度大、稠度小的沥青取低限，一般取中值。对于改性沥青，应根据改性剂品种和掺量适当提高沥青混合料的拌和温度与压实温度，对于大部分聚合物改性沥青而言，需要在基质沥青的基础上提高 10～20℃，掺加纤维时，需再提高 10 ℃左右。

表 33-1 沥青混合料拌和温度及压实温度参考表

沥青种类	拌和温度/℃	压实温度/℃	沥青种类	拌和温度/℃	压实温度/℃
石油沥青	140～160	120～150	改性沥青	160～175	140～170

2) 沥青混合料试件的制作条件

将各种规格的矿料置于(105±5) ℃的烘箱中烘干至恒重(一般不少于 4～6 h)。

将烘干分级的粗细集料按每个试件设计级配组成称其质量，在一金属盘中混合均匀。一般按一组试件(每组 4～6 个)备料，但进行配合比设计时宜对每个试件分别备料。

矿粉单独置于烘箱中加热备用，烘箱温度应较沥青拌和温度高出 15 ℃以上，通常石油沥青为 163 ℃，改性沥青为 180 ℃。

将沥青试样用恒温烘箱加热至拌和温度，但不得超过 175 ℃，备用。

用沾有少许黄油的棉纱擦净试模、套筒及击实座，然后置于 100 ℃左右的烘箱中加热 1 h，备用。

将沥青混合料拌和机预热至拌和温度以上 10 ℃左右备用。

2. 实验步骤

1) 拌制沥青混合料

将预热的粗细集料置于拌和机中，用小铲适当混合，再加入已加热至拌和温度的沥青，开动拌和机搅拌 1～1.5 min；然后暂停拌和，加入单独加热的矿粉，继续拌和直至均匀为止，并使沥青混合料保持在要求的拌和温度范围内。标准拌和时间为 3 min。

2）成型方法

将拌和好的沥青混合料称取一个试件所需的用量，标准马歇尔试件约 1 200 g。当一次拌和几个试件时，宜将其倒入经预热的金属盘中，用小铲拌和均匀并分成几份，以便分别取用。在试件制作过程中，为了防止混合料温度下降，应连盘一起放在烘箱中保温。

从烘箱中取出预热的试模及套筒，用沾有少许黄油的棉纱擦拭套筒、底座及击实锤底面，将试模装在底座上，垫一张圆形的吸油性小的纸，按“四分法”从四个方向用小铲将混合料铲入试模中，用插刀沿周边插捣 15 次，中间 10 次。插捣后，将沥青混合料表面整平成凸圆弧面。

插入温度计，至混合料中心附近，检查混合料的温度。

待沥青混合料的温度符合要求的压实温度后，将试模连同底座一起放在击实台上固定，在装好的混合料上垫一张吸油性小的圆纸，再将装有击实锤及导向棒的压实头插入试模中，然后开启马达将击实锤从 457 mm 的高度自由落下并击实规定的次数(75 次)。

试件一面击实后，取下套筒，将试模掉头，重新装上套筒，以同样的方式和次数击实另一面。

试件击实结束后，立即用镊子取掉试件上、下面的垫纸，用卡尺量取试件离试模上口的高度并由此计算试件高度，如高度不符合要求，试件应作废，并按式(33-1)调整试件的混合料数量，以保证试件高度符合(63.5±1.3) mm(标准试件)的要求。

$$\text{调整后沥青混合料用量}=\frac{\text{要求试件高度}\times\text{原用混合料质量}}{\text{所得试件高度}} \tag{33-1}$$

卸去套筒和底座，将装有试件的试模横向放置冷却至室温(不少于 12 h)后，置脱模机上脱出试件。将试件仔细置于干燥洁净的平面上，供实验使用。

33.6 实验结果整理及报告要求

按照表 33-2 记录实验结果。

表 33-2 沥青混合料成型实验参数汇总

沥青混合料类型				沥青混合料拌和加入顺序	
沥青种类		沥青加热温度/℃		先加入	
集料种类		集料加热温度/℃		再加入	
矿粉种类		矿粉加热温度/℃		最后加入	
是否双面击实		双面击实次数/次			
试件质量/g		试件高度/mm			

33.7 思考题

(1) 击实法成型沥青混合料性能的优缺点。

(2) 击实次数对沥青混合料性能的影响。

实验34　轮碾法成型沥青混合料试件

34.1　实验的相关知识点

沥青混合料板块状试件的制备方法。

34.2　实验目的

用轮碾法成型沥青混合料板块状试件，用切割机将此板块状试件切制成棱柱体试件，或用芯样钻机钻取圆柱状试件，以供相关实验使用。

34.3　实验内容

用轮碾法成型长300 mm×宽300 mm×厚50～100 mm的板块状试件。

34.4　实验的主要仪器设备和其他材料

1. 轮碾成型机

轮碾成型机具有圆弧形碾压轮，轮宽300 mm，压实线荷载为300 N/cm，碾压行程等于试件长度，碾压后，试件可达马歇尔实验标准击实密度的(100±1)%。

2. 实验室用沥青混合料拌和机

实验室用沥青混合料拌和机能保证拌和温度并能充分拌和均匀，可控制拌和时间，宜采用容量大于30 L的大型拌和机，也可采用容量大于10 L的小型拌和机。

3. 试模

试模由高碳钢或工具钢制成，内部平面尺寸为长300 mm×宽300 mm，厚50～100 mm。

4. 切割机

实验室用金刚石锯片的单锯片或双锯片切割机，现场用路面切割机，有淋水冷却装置，切割厚度不小于试件厚度。

5. 钻孔取芯机

钻孔取芯机用电力或汽油机、柴油机驱动，有淋水冷却装置。金刚石钻头的直径可根据试件直径选择。钻孔深度不小于试件厚度，钻头转速不小于1 000 r/min。

6. 小型击实锤

小型击实锤是钢制的，端部断面为80 mm×80 mm，厚10 mm，带手柄，总质量在0.5 kg左右。

7. 天平

天平称量5 kg以上的，感量不大于1 g；天平称量5 kg以下的，用于称量矿料的感量不大于0.5 g，用于称量沥青的感量不大于0.1 g。

8. 温度计

温度计分度值 1 ℃，宜采用金属插杆的插入式数显温度计，金属插杆的长度不小于 150 mm，量程 0～300 ℃。

9. 其他

大、中型烘箱各一台，装有温度调节器；Brookfield 黏度计；分度值不大于 1 ℃的温度计；电炉或煤气炉、沥青熔化锅、拌和铲、标准筛、滤纸、胶布、卡尺、秒表、粉笔、垫木、棉纱等。

34.5 实验方法

1. 试样准备

1）确定沥青混合料的拌和温度与压实温度

沥青混合料的拌和温度和压实温度的确定方法同击实法成型沥青混合料试件。

2）沥青混合料试件的制作条件

将金属试模及小型击实锤等置于约 100 ℃的烘箱中加热 1 h，备用。

称出制作一块试件所需的各种材料的用量。沥青混合料的总质量按试件体积乘以马歇尔标准试件的击实密度，再乘以系数 1.03 计算，然后再按配合比计算出各种材料用量。

沥青混合料的拌制方法同击实法成型。

2. 实验步骤

1）成型方法

将预热的试模从烘箱中取出，装上试模框架，在试模中铺一张尺寸合适的普通纸，可以用报纸，使底面及侧面均被纸隔离，将拌和好的全部沥青混合料用小铲稍加拌和后均匀地沿试模由边至中按顺序装入试模，中部要略高于四周。

取下试模框架，用预热的小型击实锤由边至中压实一遍，整平成凸圆弧形。

插入温度计，待混合料冷却至规定的压实温度（为使冷却均匀，试模底下可用垫木支起）时，在表面铺一张裁好尺寸的普通纸。

成型前将碾压轮预热至 100 ℃左右。然后，将盛有沥青混合料的试模置于轮碾机的平台上，轻轻放下碾压轮，调整总荷载为 9 kN（线荷载 300 N/cm）。

启动轮碾机先在一个方向碾压 2 个往返（4 次），卸荷，抬起碾压轮，将试件调转方向，再加相同荷载碾压至马歇尔标准密度（100±1）%为止。试件正式压实前，应经试压，确定碾压次数，一般 12 个往返（24 次）左右可达要求。如试件厚度大于 100 mm 时，必须分层碾压。

压实成型后，揭去试件表面的纸，用标记笔在试件表面上标明碾压方向。盛有压实试件的试模，置室温下冷却，至少 12 h 后方可脱模。

2）用切割机制棱柱体试件

按实验要求的试件尺寸，在轮碾成型的板块状试件表面规划切割试件的数目，但边缘 20 mm 部分不得使用。切割顺序如图 34-1 所示。首先，在与轮碾成型垂直的方向沿 *A*—*A* 切割第一刀作为基准面；其次，在垂直的 *B*—*B* 方向切割第二刀，精确量取试件长度后切割 *C*—*C*，使 *A*—*A* 及 *C*—*C* 切下的部分大致相等。仔细量取试件切割位置，按图 34-1 顺着碾压方法（B—B 方向）切割试件，使试件的宽度符合要求。切割下来的试件应按顺序放在平玻璃板上排列整齐，然后再切割试件的底面与表面。

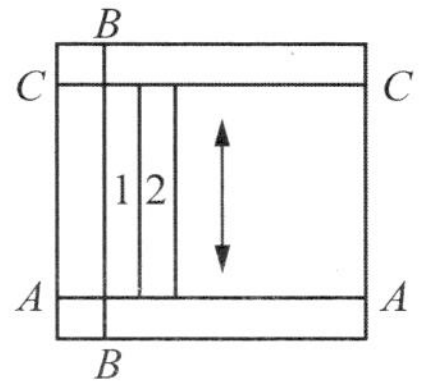

图 34-1　切割棱柱体试件的顺序示意

将切割好的试件编号，放在玻璃板上进行风干，试件之间留有 10 mm 以上的间隙，风干时间不能少于 24 h。在风干过程中，试件的上下方向及排序不能搞错。

3）用钻芯法钻取圆柱体试件

在轮碾成型的板块状试件表面标记取样位置，板边缘部分的 20 mm 不得使用。根据需要选择 100 mm 或 150 mm 的金刚石钻头。将板在钻机平台上固定，钻头对准取样位置。开放冷却水，开动钻机均匀地钻透试块。提起钻头，取出试件，然后吹干试件。

根据需要，可用切割机切去钻芯试件的一端或两端以达到要求的高度，但必须保证端面与试件轴线垂直，保持上下平行。

34.6　实验结果整理及报告要求

按照表 34-1 记录实验结果。

表 34-1　沥青混合料成型实验参数汇总

沥青混合料类型				沥青混合料拌和加入顺序	
沥青种类		沥青加热温度/℃		先加入	
集料种类		集料加热温度/℃		再加入	
矿粉种类		矿粉加热温度/℃		最后加入	
试件质量/g		试件高度/mm			

34.7　思考题

（1）轮碾法成型沥青混合料性能的优缺点。

（2）对比轮碾成型和击实成型方法的优缺点。

实验 35 沥青混合料体积参数的确定

35.1 实验的相关知识点

(1) 沥青混合料的吸水率、空隙率、矿料间隙率和沥青饱和度。

(2) 沥青混合料的毛体积相对密度、表观相对密度和理论最大相对密度。

(3) 矿料合成毛体积相对密度、矿料合成表观相对密度和合成矿料的有效相对密度。

35.2 实验目的

测试马歇尔试件的各种体积参数,如吸水率、空隙率、矿料间隙率和沥青饱和度等,了解沥青混合料的体积性能参数,检验沥青混合料的配合比设计是否合理。

35.3 实验内容

采用马歇尔设计方法成型的马歇尔试件或从现场钻芯取样的试件,需测定其各种密度,并根据组成材料配合比及性能指标计算沥青混合料试件的空隙率、矿料间隙率和沥青饱和度等体积参数指标。

35.4 实验的主要仪器设备和其他材料

(1) 浸水天平。当最大称量在 3 kg 以下时,浸水天平分度值不大于 0.1 g;当最大称量在 3 kg 以上时,分度值不大于 0.5 g;当最大称量在 10 kg 以上时,分度值不大于 5 g。天平下方应有测量水中重的挂钩,挂钩上的吊线应使用不吸水的细尼龙线绳,并有足够的长度,采用轮碾成型机成型的板块状试件,可用铁丝悬挂。

(2) 水中重称量装置由溢流水箱、网篮、试件悬吊装置组成,如图 35-1 所示,能调节水温至(25±0.5) ℃。

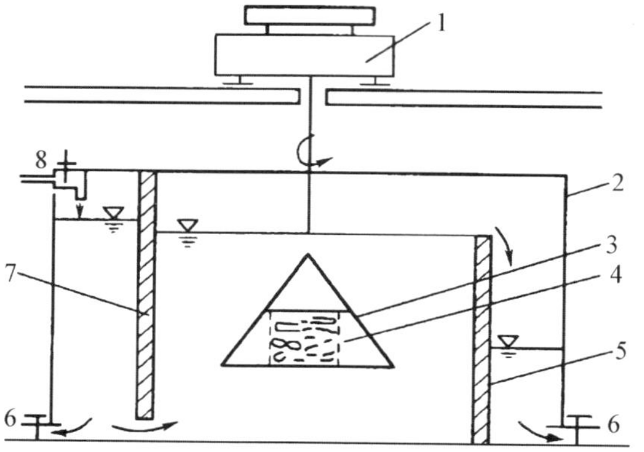

1—浸水天平;2—溢流水箱;3—网篮;4—试件;
5,7—水位搁板;6—放水阀门;8—注水口

图 35-1 水中重称量装置示意

(3) 其他:秒表、电扇或烘箱等。

35.5　实验方法

1. 试样准备

准备好需要测试的试件。实验前,试件宜放在阴凉处保存(温度不宜高于 35 ℃),且放置在水平的平面上,不要使试件产生变形。

选择适宜的浸水天平,最大称量应满足试件质量的要求。

2. 实验步骤

除去试件表面的浮粒,称取干燥试件在空气中的质量 m_a,根据选择天平的感量读数,精确度为 0.1 g。

将溢流水箱水温保持在(25±0.5) ℃。挂上网篮浸入溢流水箱的水中,调节水位,将天平调平或复零,把试件置于网篮中(注意不要使水晃动),浸水 3~5 min,称取试件的水中质量 m_w。若天平读数持续变化,不能在数秒内达到稳定,说明试件吸水较严重,不适用于此法测定,应改用蜡封法测定。

从水中取出试件,用洁净柔软且拧干的湿毛巾轻轻擦去试件表面的水,注意不得吸走空隙内的水,然后称取试件的表干质量 m_f。

对从路上钻取的非干燥试件,可先称取水中质量 m_w,然后用电风扇将试件吹干至恒重(一般不少于 12 h,当不需进行其他实验时,也可用 60 ℃烘箱烘干至恒重),再称取试件空气中的质量 m_a。

35.6　实验结果整理及报告要求

1. 试件的吸水率

试件的吸水率即试件吸水体积占沥青混合料试件毛体积的百分率,按式(35-1)计算,取 1 位小数。

$$S_a = \frac{m_f - m_a}{m_f - m_w} \times 100\% \tag{35-1}$$

式中　S_a——试件的吸水率;

m_a——干燥试件的空气中质量,g;

m_w——试件的水中质量,g;

m_f——试件的表干质量,g。

2. 试件的毛体积相对密度和毛体积密度

当试件的吸水率符合 $S_a < 2\%$ 要求时,试件的毛体积相对密度和毛体积密度分别按照式(35-2)及式(35-3)计算,取 3 位小数。当试件的吸水率符合 $S_a > 2\%$ 要求时,应改用蜡封法测定。

$$\gamma_f = \frac{m_a}{m_f - m_w} \tag{35-2}$$

$$\rho_f = \frac{m_a}{m_f - m_w} \times \rho_w \tag{35-3}$$

式中 γ_f ——用表干法测定的试件毛体积相对密度，无量纲；

ρ_f ——用表干法测定的试件毛体积密度，g/cm^3；

ρ_w ——25 ℃时水的密度，取 0.9971 g/cm^3。

3. 试件的空隙率

试件的空隙率按式(35-4)计算，取 1 位小数。

$$VV=\left(1-\frac{\gamma_f}{\gamma_t}\right)\times 100\% \tag{35-4}$$

式中 VV ——试件的空隙率；

γ_f ——用表干法测定的试件毛体积相对密度，无量纲；

γ_t ——实测沥青混合料最大相对密度，或计算沥青混合料理论最大相对密度。

4. 矿料的合成毛体积相对密度

按式(35-5)计算矿料的合成毛体积相对密度，取 3 位小数。

$$\gamma_{sb}=\frac{100}{\frac{p_1}{\gamma_1}+\frac{p_2}{\gamma_2}+\cdots+\frac{p_n}{\gamma_n}} \tag{35-5}$$

式中 γ_{sb} ——矿料的合成毛体积相对密度，无量纲；

P_1，P_2，…，P_n ——各种矿料占矿料总质量的百分率，其和为 1；

γ_1，γ_2，…，γ_n ——各种矿料的毛体积相对密度，无量纲。

5. 矿料的合成表观相对密度

按式(35-6)计算矿料的合成表观相对密度，取 3 位小数。

$$\gamma_{sa}=\frac{100}{\frac{p_1}{\gamma_1'}+\frac{p_2}{\gamma_2'}+\cdots+\frac{p_n}{\gamma_n'}} \tag{35-6}$$

式中 γ_{sa} ——矿料的合成表观相对密度，无量纲；

γ_1'，γ_2'，…，γ_n' ——各种矿料的表观相对密度，无量纲。

6. 矿料的有效相对密度

矿料的有效相对密度，取 3 位小数。对于非改性沥青混合料，采用真空法实测理论最大相对密度，按式(35-7)计算合成矿料的有效相对密度。

$$\gamma_{se}=\frac{100-P_b}{\frac{100}{\gamma_t}-\frac{P_b}{\gamma_b}} \tag{35-7}$$

式中 γ_{se} ——合成矿料的有效相对密度率，无量纲；

P_b ——沥青用量，即沥青质量占沥青混合料总质量的百分比；

γ_t ——实测的沥青混合料理论最大相对密度，无量纲；

γ_b ——25 ℃沥青的相对密度，无量纲。

对于改性沥青及 SMA 混合料，矿料有效相对密度宜直接由矿料的合成毛体积相对密度与合成表观相对密度按式(35-8)计算确定，其中沥青吸收系数 C 根据式(35-9)计算，合成矿料的吸水率按式(35-10)计算。

$$\gamma_{se}=\gamma\times\gamma_{sa}+(1-C)\times\gamma_{sb} \tag{35-8}$$

$$C=0.033\omega_x^2-0.2936\omega_x+0.9339 \tag{35-9}$$

$$\omega_x=\left(\frac{1}{\gamma_{sb}}-\frac{1}{\gamma_{sa}}\right)\times 100\% \tag{35-10}$$

式中　C ——沥青吸收系数，无量纲；

ω_x ——合成矿料的吸水率。

7. 沥青混合料的理论最大相对密度

沥青混合料的理论最大相对密度，取 3 位小数。对于非改性沥青混合料，采用真空法实测理论最大相对密度。对于改性沥青及 SMA 混合料，可按式(35-11)或式(35-12)计算确定。

$$\gamma_t=\frac{100+P_a}{\dfrac{100}{\gamma_{se}}+\dfrac{p_a}{\gamma_b}} \tag{35-11}$$

$$\gamma_t=\frac{100+P_a+P_x}{\dfrac{100}{\gamma_{se}}+\dfrac{P_a}{\gamma_b}+\dfrac{P_x}{\gamma_x}} \tag{35-12}$$

式中　γ_t——沥青混合料对应油石比的理论最大相对密度，无量纲；

P_a——油石比，即沥青质量占矿料总质量的百分率；

P_x——纤维用量，即纤维质量占矿料总质量的百分率；

γ_x——25 ℃纤维的相对密度，无量纲。

8. 空隙率、矿料间隙率和有效沥青饱和度

试件的空隙率、矿料间隙率和有效沥青饱和度分别由式(35-13)—式(35-15)计算。

$$VV=\left(1-\frac{\gamma_f}{\gamma_t}\right)\times 100\% \tag{35-13}$$

$$VMV=\left(1-\frac{\gamma_f}{\gamma_{sb}}\times\frac{P_s}{100}\right)\times 100\% \tag{35-14}$$

$$VFV=\left(\frac{VMA-VV}{VMA}\right)\times 100\% \tag{35-15}$$

式中　VV ——沥青混合料试件的空隙率；

VMA ——沥青混合料试件的矿料间隙率；

VFA ——沥青混合料试件的有效沥青饱和度；

P_s——各种矿料占沥青混合料总质量的百分率之和，$P_s=1-P_b$。

35.7 思考题

（1）理论最大相对密度计算结果对试件空隙率、矿料间隙率等体积参数的影响。

（2）如何得到较为准确的理论最大相对密度？

实验 36　沥青混合料马歇尔稳定度实验

36.1　实验的相关知识点

(1) 马歇尔稳定度和流值测试方法。

(2) 马歇尔稳定度、流值、马歇尔模数的物理意义。

(3) 浸水残留稳定度、真空饱水残留稳定度表征沥青混合料的性能。

36.2　实验目的

测试沥青混合料马歇尔试件的稳定度和流值，以这两项指标来表征沥青混合料的高温稳定性和抗变形能力。

36.3　实验内容

沥青混合料稳定度实验是将沥青混合料制成圆柱形试件，在稳定度仪上测定其稳定度和流值。

36.4　实验的主要仪器设备和其他材料

1. 沥青混合料马歇尔实验仪

沥青混合料马歇尔实验仪应具备控制装置、记录荷载-位移曲线、自动测定荷载与试件的垂直变形，能自动显示和存储或打印实验结果等功能。对于标准马歇尔试件，实验仪的最大荷载不小于 25 kN，读数精确至 0.1 kN，加载速率应保持在(50±5) mm/min，钢球直径(16±0.05) mm，上、下压头曲度半径为(50.8±0.08) mm。

2. 恒温装置

恒温装置能保持水温于测定温度±1 ℃的恒温水槽，深度不小于 150 mm。

3. 真空饱水容器

真空饱水容器由真空泵和真空干燥器组成。

4. 其他

烘箱、感量不大于 0.1 g 的天平、分度值 1 ℃的温度计、游标卡尺、棉纱、黄油等。

36.5　实验方法

1. 试样准备

采用击实法成型马歇尔试件，测量试件的直径和高度。测试方法为：在十字对称的 4 个方向测量试件的高度，测点应距试件边缘 10 mm，精确至 0.1 mm，并以平均值作为试件的高度。如果标准试件高度不符合(63.5±1.3) mm 的要求，或两侧高度差大于 2 mm，此试件应作废。

测试试件的密度，计算空隙率、沥青饱和度、矿料间隙率等体积参数。

将恒温水槽调节至要求的实验温度，对于黏稠石油沥青混合料或烘箱养生的乳化沥青混合料而言，实验温度为(60±1) ℃；对空气养生的乳化沥青混合料而言，实验温度为(25±1) ℃。将试件置于恒温水槽中保温 30～40 min(标准试件)。试件之间应有间隔，底下应垫起，离容器底部不小于 5 cm。

将马歇尔实验仪的上、下压头放入恒温水槽以达到同样温度。

2. 实验步骤

1) 标准马歇尔稳定度实验

将上、下压头从烘箱中取出擦拭干净。为使上、下压头滑动自如，可在下压头的导棒上涂少量黄油。再将试件取出置于下压头上面，盖上上压头，然后装在加载设备上。

将马歇尔实验仪的压力传感器与计算机或 X-Y 记录仪正确连接，调整好适宜的放大比例，压力和位移传感器调零。

启动加载设备，加载速度为(50±5) mm/min。计算机或 X-Y 记录仪自动记录传感器压力和试件变形曲线，并将数据自动存入计算机。

2) 浸水马歇尔稳定度实验

浸水马歇尔稳定度实验，将沥青混合料试件在规定温度的恒温水槽中保温 48 h，其余方法与标准马歇尔稳定度实验方法相同。

3) 真空饱水马歇尔稳定度实验

真空饱水马歇尔稳定度实验，将试件先放入真空干燥器中，关闭进水胶管，开动真空泵，使干燥器的真空度达到 97.3 kPa(730 mmHg)以上，维持 15 min，然后打开进水胶管，靠负压进入冷水流使试件全部浸入水中，浸水 15 min 后恢复常压，取出试件再放入规定温度的恒温水槽中保温 48 h，其余与标准马歇尔稳定度实验方法相同。

36.6 实验结果整理及报告要求

1. 试件的稳定度与流值

采用自动马歇尔实验仪测定时，将计算机采集的数据，或 X-Y 记录仪自动记录的荷载-变形数据绘制成压力-试件变形曲线，如图 36-1 所示。按照图 36-1 所示的方法，在切线方向延长曲线与横坐标相交于 O_1，将 O_1 作为修正原点，从 O_1 起量取相应荷载最大值时的变形作为流值，以 mm 计，精确至 0.1 mm。最大荷载即为马歇尔稳定度，以 kN 计，精确至 0.01 kN。

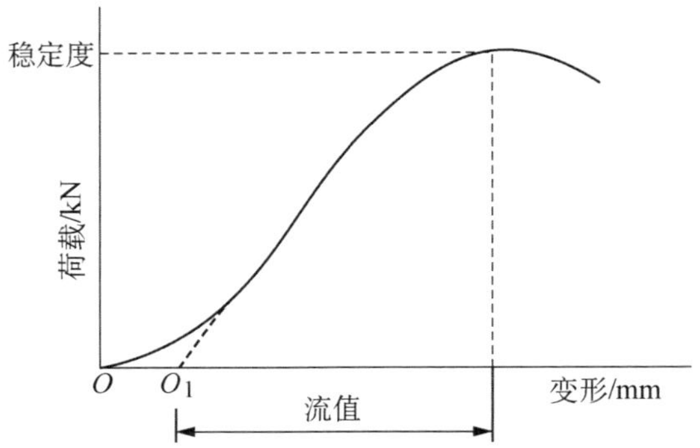

图 36-1　马歇尔实验结果的修正示意

2. 试件的马歇尔模数

马歇尔模数按式(36-1)计算：

$$T=\frac{MS}{FL} \tag{36-1}$$

式中　T ——试件的马歇尔模数，kN/mm；

MS ——试件的稳定度，kN；

FL ——试件的流值，mm。

3. 试件的浸水残留稳定度

浸水残留稳定度按式(36-2)计算：

$$MS_0=\frac{MS_1}{MS}\times 100\% \tag{36-2}$$

式中　MS_0——试件的浸水残留稳定度；

MS_1——试件浸水 48 h 后的稳定度，kN。

4. 试件的真空饱水残留稳定度

真空饱水残留稳定度按式(36-3)计算：

$$MS'_0=\frac{MS_2}{MS}\times 100\% \tag{36-3}$$

式中　MS'_0——试件的真空饱水残留稳定度；

MS_2——试件真空饱水后浸水 48 h 后的稳定度，kN。

当一组测定值中某个数据与平均值之差大于标准差的 k 倍时，应舍弃该测定值，并以其余测定值的平均值作为实验结果。当实验数目 n 为 3，4，5，6 个时，k 值分别为 1.15，1.46，1.67 和 1.82。

36.7　思考题

(1) 稳定度和流值的关系。稳定度大的试件，流值一定小吗？

(2) 对比浸水残留稳定度和真空饱水残留稳定度，浸水和真空饱水两种处理方式哪种条件更苛刻？

实验 37 沥青混合料车辙实验

37.1 实验的相关知识点

(1) 车辙实验测试方法。

(2) 动稳定度的物理意义。

37.2 实验目的

测试沥青混合料的动稳定度,用其来表征沥青混合料的高温稳定性。

37.3 实验内容

沥青混合料车辙实验是用一块经碾压成型的板块试件(通常尺寸为 300 mm×300 mm×50 mm),在规定温度(通常为 60 ℃)条件下,采用轮压为 0.7 MPa 的实心橡胶轮胎在其上行走,测量试件在变形稳定期内每增加 1 mm 变形需要行走的次数,即称为动稳定度,以次/mm 表示。

37.4 实验的主要仪器设备和其他材料

1. 车辙实验机

车辙实验机的构造示意如图 37-1 所示,主要组成部分及功能如下。

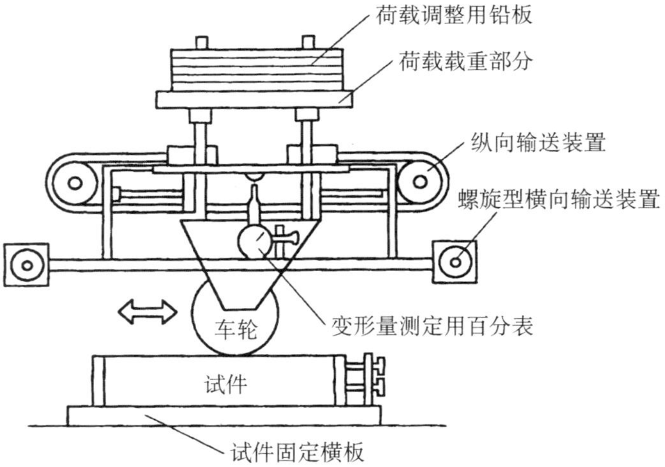

图 37-1 车辙实验机结构示意

(1) 试件台可牢固地安装宽度为 300 mm 的试模。

(2) 实验轮为橡胶制的实心轮胎,外径为 200 mm,轮宽 50 mm,橡胶层厚 15 mm。橡胶硬度(国际标准硬度)在 20 ℃时为 84±4、60 ℃时为 78±2。实验轮行走距离为(230±10) mm,往返碾压速度为(42±1)次/min。实验轮与试件的接触压强为(0.7±0.05) MPa,施加的总荷载约为 780 N,可以根据需要调整。

(3) 变形测量装置可自动检测车辙变形并记录曲线,通常采用 LVDT、电测百分表或非接触位移计。位移量程范围为 0～130 mm,精度为±0.01 mm。

(4) 温度检测装置可自动检测并记录试件表面温度及恒温室温度,可采用温度传感器或温度计,精度为 0.5 ℃。

2. 恒温室

车辙实验机必须整机安放在恒温室内,恒温室装有加热器、气流循环装置及自动温度控制设备,应有至少能保温 3 块试件并进行实验的条件。保持恒温室温度在(60±1) ℃,试件内部温度在(60±0.5) ℃。

3. 天平

称量 15 kg,感量不大于 5 g。

37.5 实验方法

1. 试样准备

在 60 ℃温度条件下,调整实验轮的接地压强为(0.7±0.05) MPa。

试件成型后,连同试模一起在常温条件下放置的时间不得少于 12 h;对于聚合物改性沥青混合料试件,放置时间以 24 h 为宜,但不得长于一周。

2. 实验步骤

将试件连同试模一起,置于已达到实验温度(60±1) ℃的恒温室中,保温时间不少于 5 h,也不得多于 12 h。在试件上实验轮不行走的部位上粘贴热电偶温度计,以检测试件温度。

将试件连同试模置于车辙实验机的实验台上,实验轮在试件的中央部位,其行走方向须与试件碾压方向一致。开动车辙变形自动记录仪,然后启动实验机,使实验轮往返行走,时间约 1 h,或最大变形达到 25 mm 为止。实验时,记录仪自动记录变形曲线及试件温度。图 37-2 所示为车辙深度与时间的关系曲线。对于实验时变形较小的试件,也可对一块试件在两侧 1/3 位置上进行 2 次实验取平均值。

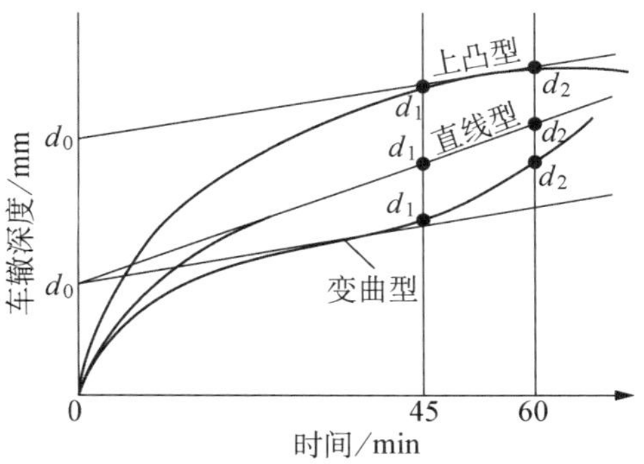

图 37-2　车辙深度与时间的关系曲线

37.6 实验结果整理及报告要求

从图 37-2 上读取 45 min(t_1)及 60 min(t_2)时的车辙变形 d_1 及 d_2,精确至 0.01 mm。若变形过大,在未到 60 min 变形已达 25 mm 时,则以达到 25 mm(d_2)时的时间作为 t_2,将 t_2 之前的 15 min 作为 t_1,相应的变形量作为 d_1。沥青混合料试件的动稳定度按式(37-1)计算:

$$DS=\frac{(t_2-t_1)\times N}{d_2-d_1}\cdot c_1\cdot c_2 \tag{37-1}$$

式中 DS——沥青混合料的动稳定度,次/mm;

d_1, d_2——对应于时间 t_1 和 t_2 的变形量,mm;

N——实验轮往返碾压次数,通常为 42 次/min;

c_1——实验机类型修正系数,曲柄连杆驱动试件的变速行走方式为 1.0;

c_2——试件系数,实验室制备的宽 300 mm 的试件的系数为 1.0。

同一沥青混合料,至少平行实验 3 个试件,当 3 个试件的动稳定度变异系数小于 20% 时,取其平均值作为实验结果。当变异系数大于 20%时,应分析原因,并追加实验。

重复性实验动稳定度变异系数的允许值为 20%。

实验报告应注明实验温度、实验轮接地压强、试件密度、空隙率及试件制作方法等。

37.7 思考题

(1) 采用动稳定度评价沥青混合料高温性能的优缺点。

(2) 对比动稳定度和车辙深度,分析两个指标评价沥青混合料高温性能的优缺点。

实验 38　沥青混合料劈裂实验

38.1　实验的相关知识点

（1）劈裂强度的测试方法。

（2）劈裂强度的物理意义。

38.2　实验目的

测试沥青混合料在规定温度和加载速率下的劈裂破坏或处于弹性阶段时的力学性质，为沥青路面结构设计提供沥青混合料力学设计参数，也可用于评价沥青混合料的低温抗裂性能。

38.3　实验内容

正常情况下，沥青混合料的劈裂强度测试条件为温度（15±0.5）℃，加载速率为 50 mm/min。用于评价沥青混合料的低温抗裂性能时，测试条件为温度（−10±0.5）℃，加载速率为 1 mm/min。

38.4　实验的主要仪器设备和其他材料

（1）实验机能保持规定的加载速率及实验温度，当采用 50 mm/min 的加载速率时，也可采用具有自动马歇尔实验仪代替，但均须配置有荷载及试件变形的测定记录装置。荷载由传感器测定，应满足最大测定荷载不超过其量程的 80%且不小于其量程的 20%的要求，宜采用 40 kN 或 60 kN 的传感器，分辨率为 0.1 kN。

（2）位移传感器可采用 LVDT 或电测百分表。水平变形宜采用非接触式位移传感器测定，其量程应大于预计最大变形的 1.2 倍，通常不小于 5 mm。测定垂直变形的精密度不小于 0.01 mm，测定水平变形的精密度不小于 0.005 mm。

（3）数据采集系统中储存或 X-Y 记录仪能自动采集传感器及位移计的电测信号，在数据采集系统中储存或在 X-Y 记录仪上绘制荷载与跨中挠度曲线。

（4）恒温水槽用于试件保温，温度范围能满足实验要求，控温精度为±0.5 ℃。当低于 0 ℃时，恒温水槽可采用 1∶1 的甲醇水溶液或防冻液作为冷媒介质。恒温水槽中的液体应能循环回流。

（5）压条如图 38-1 所示，上、下各 1 根。当混合料试件的直径为（100±2）mm 或（101.6±0.25）mm 时，压条宽度为 12.7 mm，内侧曲率半径为 50.8 mm；当混合料试件的直径为（150±2.5）mm 时，压条宽度为 19 mm，内侧曲率半径为 75 mm。压条两端均应磨圆。

（6）劈裂实验夹具：下压条固定在夹具上，上压条可上下自由活动。

（7）其他：卡尺、天平、记录纸、胶皮手套等。

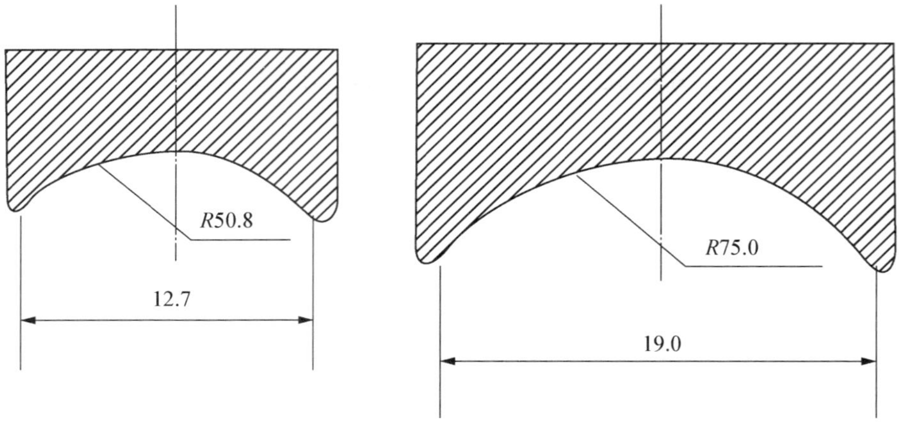

图 38-1 压条形状(单位:mm)

38.5 实验方法

1. 试样准备

本方法采用的圆柱体试件应符合下列要求:

(1) 当集料公称最大粒径小于或等于 26.5 mm 时,用马歇尔标准击实法成型直径为(101.6±0.25) mm、高为(63.5±1.3) mm 的马歇尔试件。

(2) 从轮碾机成型的板块状试件或从道路现场钻取直径为(100±2) mm 或(150±2.5) mm、高为(40±5) mm 的圆柱体试件。

测定试件的直径及高度,精确至 0.1 mm。在试件两侧通过圆心画上对称的十字标记。测试试件的密度、空隙率等各项物理指标。

使恒温水槽达到要求的实验温度±0.5 ℃。将试件浸入恒温水槽保温不少于 5 h。当为恒温空气箱时,保温不少于 6 h,直至试件内部温度达到实验温度±0.5 ℃为止。保温时,试件之间的距离不小于 10 mm。

使实验机环境保温箱达到要求的实验温度。

2. 实验步骤

从恒温水槽中取出试件,迅速置于实验台的夹具中安放稳定,其上、下均安放有圆弧形压条,与侧面的十字画线对准,上、下压条应居中、平行。迅速安装试件变形测定装置。水平变形测定装置应对准水平轴线并位于中央位置;垂直变形的支座与下支座固定,上端支于上支座上。将记录仪与荷载及位移传感器连接,选择好适宜的量程开关并记录速度。

开动实验机,使压头与上、下压条接触,荷载不超过 30 N,迅速调整好数据采集系统或 X-Y 记录仪至零点位置。开动数据采集系统或记录仪,同时启动实验机,以规定的加载速度向试件加载,直至试件劈裂破坏为止,记录仪记录荷载及水平变形(或垂直位移)。记录的荷载-变形曲线如图 38-2 所示。

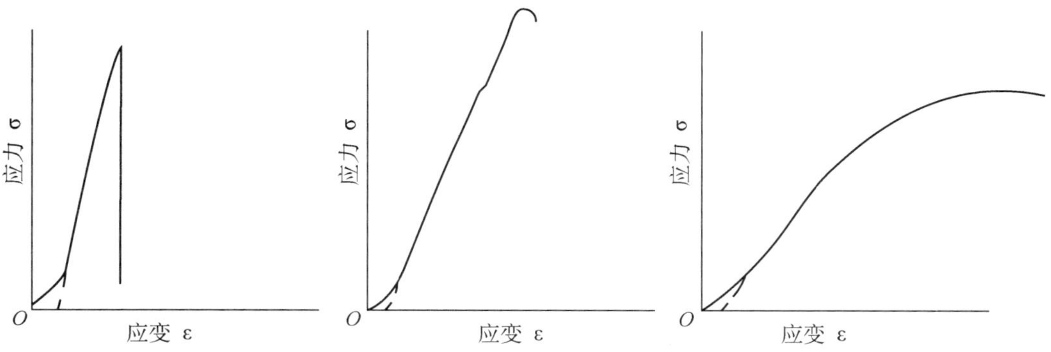

(a) 可能的荷载–变形曲线1　(b) 可能的荷载–变形曲线2　(c) 可能的荷载–变形曲线3

图 38-2　劈裂实验的荷载-变形(水平或垂直变形)曲线

38.6　实验结果整理及报告要求

将图 38-2 中的荷载-变形曲线的直线段按图示方法延长与横坐标相交，把交点作为曲线的原点，由图中量取峰值时的最大荷载 P_T 及最大变形(Y_T 或 X_T)。

当试件直径为(100±2.0) mm、压条宽度为 12.7 mm 时，劈裂抗拉强度 R_T 按式(38-1)计算；当试件直径为(150.0±2.5) mm、压条宽度为 19.0 mm 时，劈裂抗拉强度 R_T 按式(38-2)计算；泊松比 μ、破坏拉伸应变 ε_T 及破坏劲度模量 S_T 按式(38-3)—式(38-5)计算。

$$R_T = \frac{0.006287 P_T}{h} \tag{38-1}$$

$$R_T = \frac{0.00425 P_T}{h} \tag{38-2}$$

$$\mu = \frac{0.1350A - 1.7940}{-0.5A - 0.0314} \tag{38-3}$$

$$\varepsilon_T = \frac{X_T(0.0307 + 0.0936\mu)}{1.35 + 5\mu} \tag{38-4}$$

$$S_T = \frac{P_T(0.27 + 1.0\mu)}{h \times X_T} \tag{38-5}$$

式中　R_T ——劈裂抗拉强度，MPa；

ε_T ——破坏拉伸应变；

S_T ——破坏劲度模量，MPa；

μ ——泊松比；

P_T ——实验荷载的最大值，N；

h ——试件高度，mm；

A ——试件垂直变形与水平变形的比值；

$$A = \frac{Y_{\mathrm{T}}}{X_{\mathrm{T}}} \tag{38-6}$$

式中 Y_{T} ——试件相应于最大破坏荷载时的垂直方向总变形，mm；

X_{T} ——试件相应于最大破坏荷载时的水平方向总变形，mm。

当一组测定值中某个数据与平均值之差大于标准差的 k 倍时，应舍弃该测定值，并以其余测定值的平均值作为实验结果。当实验数目 n 为 3，4，5，6 时，k 值分别为 1.15，1.46，1.67 和 1.82。

实验结果均应注明试件尺寸、成型方法、实验温度、加载速率及采用的泊松比值。

38.7 思考题

加载速率对劈裂强度会有什么样的影响？选择 50 mm/min 的加载速率是出于什么考虑？

实验 39　沥青混合料冻融劈裂实验

39.1　实验的相关知识点

冻融劈裂强度比 *TSR* 的物理意义。

39.2　实验目的

在规定条件下对沥青混合料进行冻融循环，测定沥青混合料试件冻融前后劈裂破坏的强度比，以评价沥青混合料的水稳定性能。

39.3　实验内容

对未冻融的沥青混合料试件和经过冻融循环的沥青混合料试件分别进行劈裂实验，测试其劈裂强度，计算冻融前后的劈裂强度比 *TSR*，以 *TSR* 的大小来评价沥青混合料的水稳定性能。正常情况下，实验温度为(25±0.5) ℃，加载速率为 50 mm/min。

39.4　实验的主要仪器设备和其他材料

(1) 实验机能保持规定的加载速率及实验温度，也可采用自动马歇尔实验仪代替，但均须配置有荷载及试件变形的测定记录装置。荷载由传感器测定，应满足最大测定荷载不超过其量程的 80%且不小于其量程的 20%的要求，宜采用 40 kN 或 60 kN 的传感器，分辨率为 0.01 kN。

(2) 恒温冰箱能保持温度为－18 ℃，控温精确至±2 ℃。

(3) 恒温水槽用于试件保温，温度范围能满足实验要求，控温精度±0.5 ℃。低于 0 ℃时，恒温水槽可采用 1∶1 的甲醇水溶液或防冻液作冷媒介质。恒温水槽中的液体应能循环回流。

(4) 上、下各 1 根压条，见图 38-1。当试件直径为(100±2) mm 或(101.6±0.25) mm 时，压条宽度为 12.7 mm，内侧曲率半径为 50.8 mm。压条两端均应磨圆。

(5) 劈裂实验夹具：下压条固定在夹具上，上压条可上下自由活动。

(6) 其他：塑料袋、卡尺、天平、记录纸、胶皮手套等。

39.5　实验方法

1. 试样准备

本方法采用的圆柱体试件可采用马歇尔击实法成型，集料的公称最大粒径不得大于 26.5 mm。采用双面各击实 50 次，试件数目不少于 8 个。

测定试件的直径及高度，精确至 0.1 mm。在试件两侧通过圆心画上对称的十字标记。测试试件的密度、空隙率等各项物理指标。

2. 实验步骤

将试件随机分成两组，每组不少于 4 个。将第一组试件置于平台上，在室温下保存备用。将第二组试件按标准的饱水实验方法真空饱水，在真空度为 97.3～98.7 kPa(730～740 mmHg)条件下保持 15 min；然后打开阀门，恢复常压，试件在水中放置 0.5 h。取出试件放入塑料袋中，加入约 10 mL 的水，扎紧袋口，将试件放入恒温冰箱(或家用冰箱的冷冻室)，冷冻温度为(−18±2) ℃，保持(16±1) h。将试件取出后，立即放入(60±0.5) ℃的恒温水槽中，撤去塑料袋，保温 24 h。

将第一组与第二组全部试件浸入温度为(25±0.5) ℃的恒温水槽中不少于 2 h，水温高时，可适当加入冷水或冰块调节。保温时，试件之间的距离不小于 10 mm。

取出试件立即按 50 mm/min 的加载速率进行劈裂实验，得到实验的最大荷载，计算未冻融和冻融循环后试件的劈裂强度。

39.6 实验结果整理及报告要求

冻融劈裂强度比 TSR 按式(39-1)计算：

$$TSR=\frac{R_{T2}}{R_{T1}}\times 100\% \tag{39-1}$$

式中 TSR ——冻融劈裂实验强度比；

R_{T2}——冻融循环后第二组有效试件劈裂抗拉强度平均值，MPa；

R_{T1}——未冻融循环的第一组有效试件劈裂抗拉强度平均值，MPa。

每个实验温度下，一组实验的有效试件不得少于 3 个，取其平均值作为实验结果。

当一组测定值中某个数据与平均值之差大于标准差的 k 倍时，应舍弃该测定值，并以其余测定值的平均值作为实验结果。当试件数目 n 为 3，4，5，6 时，k 值分别为 1.15，1.46，1.67 和 1.82。

实验结果均应注明试件尺寸、成型方法、实验温度和加载速率。

39.7 思考题

简述冻融劈裂强度比 TSR 的影响因素。

实验40 沥青混合料谢伦堡沥青析漏实验

40.1 实验的相关知识点

（1）析漏实验的测试方法。

（2）析漏损失表征的物理意义。

40.2 实验目的

检测沥青结合料在高温状态下从沥青混合料中析出多余的自由沥青数量、供检验沥青玛蹄脂碎石混合料(SMA)、排水式大空隙沥青混合料(OGFC)或沥青碎石类混合料的最大沥青使用量。

40.3 实验内容

测试沥青混合料在170 ℃(改性沥青混合料为185 ℃)下的析漏损失，以此来检验混合料的最大沥青使用量。

40.4 实验的主要仪器设备和其他材料

（1）烧杯：800 mL。

（2）烘箱：能控制温度±0.1 ℃。

（3）小型沥青混合料拌和机。

（4）玻璃板。

（5）天平：感量不大于0.1 g。

（6）其他：手铲、棉纱等。

40.5 实验方法

1. 试样准备

根据实际使用的沥青混合料的配合比，对集料、矿粉、沥青、纤维稳定剂等用小型沥青混合料拌和机拌和混合料。拌和时，纤维稳定剂应在加入粗细集料后加入，并适当干拌分散，再加入沥青拌和至均匀。每次只能拌和一个试件。一组试件分别拌和4份，每份约为1 kg。第1锅拌和后即废弃不用，使拌和锅黏附一定量的沥青结合料，以免影响后面3锅沥青混合料油石比的准确性。当为施工质量检验时，直接从拌和机取样使用。

2. 实验步骤

洗净烧杯，干燥后称取烧杯质量 m_0，精确至0.1 g；将拌和好的1 kg混合料倒入800 mL烧杯中，称烧杯及混合料的总质量 m_1，精确至0.1 g；在烧杯上加玻璃板盖，放入(170±2) ℃烘箱中保温(60±1) min(当为改性沥青SMA时，宜为185 ℃)；取出烧杯，不加任何冲击或振动，将混合料向下扣倒在玻璃板上，称取烧杯以及黏附在烧杯上的沥青结合料、细集料、玛蹄脂等总质量 m_2，精确至 0.1 g。

40.6 实验结果整理及报告要求

沥青析漏损失按式(40-1)计算：

$$\Delta m = \frac{m_2 - m_0}{m_1 - m_0} \times 100\% \tag{40-1}$$

式中 m_0——烧杯质量，g；

m_1——烧杯及实验用沥青混合料总质量，g；

m_2——烧杯及黏附在烧杯上的沥青结合料、细集料、玛蹄脂等的总质量，g；

Δm——沥青析漏损失。

应至少平行实验 3 次，取平均值作为实验结果。

40.7 思考题

在不降低油石比的情况下，对于沥青析漏损失较大的沥青混合料应如何改善？

实验41　沥青混合料肯塔堡飞散实验

41.1　实验的相关知识点

(1) 飞散实验的测试方法。

(2) 飞散损失表征的物理意义。

41.2　实验目的

标准飞散实验可用于确定沥青路面表面层使用的沥青玛蹄脂碎石混合料、排水式大空隙沥青混合料、抗滑表层混合料、沥青碎石或乳化沥青碎石混合料所需的最少沥青用量。浸水飞散实验可用以评价沥青混合料的水稳定性能。

41.3　实验内容

在规定条件下进行浸泡的马歇尔试件,在洛杉矶实验机中旋转撞击规定的次数,测试试件表面因集料脱落而散失的程度,采用飞散损失进行表征。

41.4　实验的主要仪器设备和其他材料

(1) 沥青混合料马歇尔试件制备设备。

(2) 洛杉矶磨耗实验机。

(3) 恒温水槽:水温控制在(20±0.5) ℃。

(4) 烘箱:大、中型烘箱各1台,装有温度调节器。

(5) 天平:用于称量矿料的感量不大于0.5 g,用于称量沥青的感量不大于0.1 g。

(6) 插刀或大螺丝刀。

(7) 温度计:分度值为1 ℃。宜采用有金属插杆的插入式数显温度计,金属插杆的长度不小于150 mm,量程0～300 ℃。

(8) 其他:电炉或煤气炉、沥青熔化锅、拌和铲、标准筛、滤纸(或普通纸)、胶布、卡尺秒表、粉笔、棉纱等。

41.5　实验方法

1. 试样准备

根据实际使用的沥青混合料配合比,按标准击实法成型马歇尔试件。除非另有要求,否则击实成型次数为双面各50次。试件尺寸应符合直径为(101.6±0.2) mm、高为(63.5±1.3) mm的要求,一组试件的数量不得少于4个。

测量试件的直径及高度,精确至0.1 mm。尺寸不符合要求的试件应作废。

测定试件的密度、空隙率、沥青体积百分率、沥青饱和度和矿料间隙率等物理指标。

将恒温水槽调节至要求的实验温度。标准飞散实验的实验温度为(20±0.5) ℃;浸水飞散实验的实验温度为(60±0.5) ℃。

2. 实验步骤

将试件放入恒温水槽中养生。对标准飞散实验,在(20±0.5) ℃恒温水槽中养生 20 h。对浸水飞散实验,先在(60±0.5) ℃恒温水槽中养生 48 h,然后取出后在室温中放置 24 h。

对标准飞散实验,从恒温水槽中取出试件,用洁净柔软的毛巾轻轻擦去试件表面的水,称取试件质量 m_0,精确至 0.1 g;对浸水飞散实验,称取放置 24 h 后的试件质量 m_0,精确至 0.1 g。

立即将一个试件放入洛杉矶实验机中,不加钢球,盖紧盖子(一次只能实验 1 个试件)。开启洛杉矶实验机,以 30～33 r/min 的速度旋转 300 转。打开实验机盖子,取出试件及碎块,称取试件的残留质量。当试件已经粉碎时,称取最大一块残留试件的混合料质量 m_1。

重复以上步骤,一种混合料的平行实验不少于 3 次。

41.6 实验结果整理及报告要求

沥青混合料的飞散损失按式(41-1)计算:

$$\Delta S = \frac{m_0 - m_1}{m_0} \times 100\% \tag{41-1}$$

式中 ΔS ——沥青混合料的飞散损失;

m_0——实验前试件的质量,g;

m_1——实验后试件的残留质量,g。

41.7 思考题

实验中,如果在洛杉矶实验机中加入钢球,飞散损失将会增大还是减小?

实验 42　沥青混合料渗水实验

42.1　实验的相关知识点

（1）渗水实验的测试方法。

（2）渗水系数表征的物理意义。

42.2　实验目的

渗水实验用于测定碾压成型的沥青混合料试件的渗水系数(或实际铺筑沥青路面的渗水系数),以检验沥青混合料的设计配合比的透水性能。

42.3　实验内容

渗水实验是在规定的水头压力下,测试沥青混合料的渗水系数,以此来表征沥青混合料的透水性能。

42.4　实验的主要仪器设备和其他材料

（1）路面渗水仪的形状和尺寸如图 42-1 所示,上部盛水量筒由透明有机玻璃制成,容

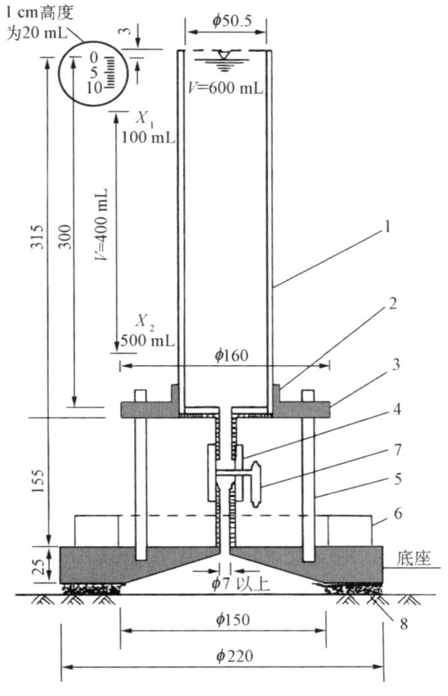

1—透明有机玻璃筒；2—螺纹连接；3—顶板；4—阀；5—立柱支架；6—压重钢圈；7—把手；8—密封材料

图 42-1　渗水仪示意(单位:mm)

积 600 mL。上有刻度，在 100 mL 及 500 mL 处有粗标线，下方通过 ϕ10 mm 的细管与底座相接，中间有一开关。量筒通过支架连接，底座下方开口内径为 150 mm，外径为 220 mm。仪器附不锈钢圈压重两个，每个质量约 5 kg，内径为 160 mm。

（2）量筒及大漏斗。

（3）秒表。

（4）密封材料：防水腻子、油灰或橡皮泥。

（5）其他：水、粉笔、塑料圈、刮刀、扫帚等。

42.5 实验方法

1. 试样准备

组合安装路面渗水仪。采用轮碾法成型 3 块沥青混合料试件，冷却到规定的时间后脱模，并揭去成型试件时垫在表面的纸。

2. 实验步骤

将试件放置于稳定的平面上，将塑料圈置于试件中央的测点上，用粉笔分别沿塑料圈的内侧和外侧画上圈，将密封材料搓成拇指粗细的条状，在外环和内环之间的部分进行密封处理，注意不要使密封材料进入内圈。如密封材料不小心进入内圈，必须用刮刀将其刮走。

用适当的垫块或木块在左、右两侧架起试件，试件下方放置一个接水容器。将渗水仪放在试件的测点上，注意使渗水仪的中心尽量和圆环中心重合，然后略微使劲将渗水仪压在条状密封材料表面，再将配重加上，以防压力水从底座与试件间流出。

将开关关闭，向量筒中注满水，然后打开开关，使量筒中的水下流以排出渗水仪底部的空气，当量筒中水面下降速度变慢时用双手轻压渗水仪使渗水仪底部的气泡全部排出。关闭开关，并再次向量筒中注满水。

将开关打开，待水面下降至 100 mL 刻度时，立即开动秒表开始计时，每隔 60 s 读记仪器管刻度一次，至水面下降至 500 mL 时为止。测试过程中，如水从底座与密封材料间渗出，说明底座与路面密封不好，应重新密封。当水面下降速度较慢，则测定 3 min 的渗水量即可停止；如果水面下降速度较快，在不到 3 min 的时间内到达 500 mL 刻度线，则记录到达 500 mL 刻度线时的时间；若水面下降至一定程度后基本保持不动，说明基本不透水或根本不透水，须在报告中注明。

按以上步骤对 3 块试件进行实验，取其平均值作为检测结果。

42.6 实验结果整理及报告要求

沥青混合料试件的渗水系数按式(42-1)计算，计算时，以水面从 100 mL 下降至 500 mL 所需的时间为标准；若渗水时间过长，也可采用 3 min 通过的水量计算。

$$C_{\mathrm{w}}=\frac{V_2-V_1}{t_2-t_1}\times 60 \tag{42-1}$$

式中 C_{w}——路面渗水系数，mL/min；

V_1——第一次计时的水量，mL，通常为 100 mL；

V_2——第二次计时的水量，mL，通常为 500 mL；

t_1——第一次计时的时间，s；

t_2——第二次计时的时间，s。

取 3 个试件的平均值作为渗水系数的最终测试结果。若试件不透水，应在报告中注明。

42.7 思考题

级配性能对沥青混合料的渗水性能有怎样的影响？如何根据渗水实验测试结果来调整级配设计？

实验 43 沥青混合料表面构造深度实验(铺砂法)

43.1 实验的相关知识点

(1) 表面构造深度实验的测试方法。

(2) 构造深度表征的物理意义。

43.2 实验目的

表面构造深度实验用于测定碾压成型的沥青混合料试件的构造深度,用以检验沥青混合料的配合比设计;或测试实际铺筑沥青路面的构造深度,用于检验实际路面的抗滑性能。

43.3 实验内容

表面构造深度实验,测试沥青混合料(或沥青路面)表面的构造深度,以此来表征沥青混合料(或沥青路面)的抗滑性能。

43.4 实验的主要仪器设备和其他材料

(1) 人工砂铺仪由量砂筒和推平板组成。量砂筒形状和尺寸如图 43-1 所示,一端是封闭的,容积为(25±0.15) mL。可通过称量砂筒中水的质量以确定其容积 V。带有一专门的刮尺将筒口量砂刮平。推平板的形状和尺寸如图 43-2 所示,推平板应为木制或铝制,直径为 50 mm,底面粘一层厚 1.5 mm 的橡胶片,上面有一圆柱把手。

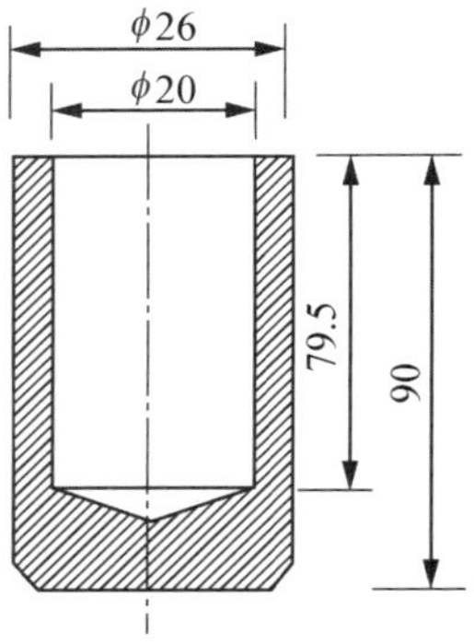

图 43-1 量砂筒示意(单位:mm)

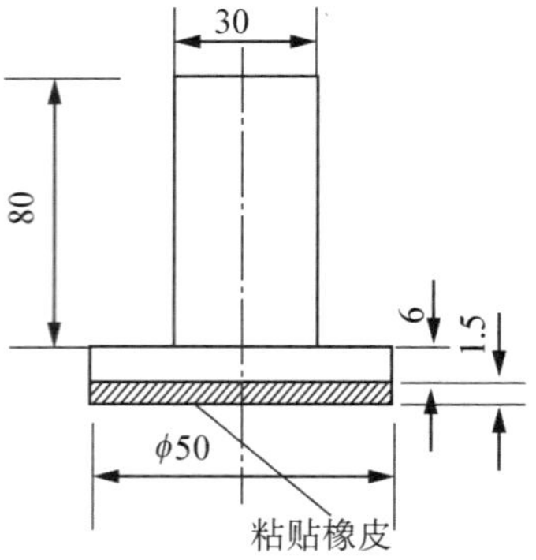

图 43-2 推平板示意(单位:mm)

(2) 刮平尺:可用 30 cm 钢板尺代替。

(3) 量砂:足够数量的干燥洁净的匀质砂,粒径 0.15~0.3 mm。

(4) 量尺:钢板尺、钢卷尺。

(5) 其他:装砂容器(小铲)、扫帚或毛刷、挡风板等。

43.5 实验方法

1. 试样准备

采用轮碾法成型 3 块沥青混合料试件，冷却到规定的时间后脱模。

量砂准备：取洁净的细砂晾干，过筛，取 0.15～0.3 mm 的砂放置在适当的容器中备用。量砂只能使用一次，不宜重复使用。回收砂必须干燥且过筛处理后方可使用。

2. 实验步骤

用小铲沿筒壁向量砂筒中装满砂，手提量砂筒上方，在地面上轻轻地叩打 3 次使砂密实，补足砂面后用钢尺一次刮平。注意不得直接用量砂筒装砂，以免影响量砂密度的均匀性。

将砂倒在试件表面上，用底面粘有橡胶片的推平板，由里向外重复做摊铺运动，稍稍用力将砂尽可能地向外摊开，使砂填入凹凸不平的试件表面的空隙中，尽可能地将砂摊成圆形，并且不得在表面上留有浮动余砂。摊铺时，不可用力过大或向外推挤。

用钢板尺测量摊铺圆的两个垂直方向的直径，取其平均值，精确至 1 mm。

按以上方法，同一种材料测定不少于 3 次，取其平均值作为最终测试结果。

43.6 实验结果整理及报告要求

沥青混合料表面构造深度的测定结果按式(43-1)计算，精确至 0.01 mm。

$$TD=\frac{4\times 100\cdot V}{\pi\cdot D^2}=\frac{31\ 831}{D^2} \tag{43-1}$$

式中 TD ——沥青混合料表面构造深度，mm；

V ——砂的体积，取值 25 cm^3；

D ——摊平砂的平均直径，mm。

取 3 次表面构造深度测定结果的平均值作为最终实验结果。当平均值小于 0.2 mm 时，实验结果以<0.2 mm 表示。

43.7 思考题

级配性能对沥青混合料的构造深度会有怎样的影响？试分析影响沥青混合料构造深度的因素有哪些。

实验 44 水泥胶砂强度实验(ISO 法)

44.1 实验的相关知识点

(1) 水泥胶砂强度测试方法。

(2) 抗折强度和抗压强度计算方法。

44.2 实验目的

了解水泥胶砂强度检验原理,掌握水泥胶砂强度的测定方法。

44.3 实验内容

水泥标号是根据水泥强度大小来划分的。根据受力形式的不同,水泥强度分为抗压强度和抗折强度。水泥胶砂硬化试体承受压缩破坏时的最大应力称为水泥抗压强度;水泥胶砂硬化试体承受弯曲破坏时的最大应力称为水泥抗折强度。

44.4 实验的主要仪器设备和其他材料

(1) 胶砂搅拌机。

(2) 振动台如图 44-1 所示,由装有两个对称偏心轮的电动机产生振动,使用时,固定于混凝土基座上。座高约 400 mm,混凝土的体积约 0.25 m^3,质量约 600 kg。为了防止外部振动影响振实效果,可在整个混凝土基座下放一层厚约 5 mm 的天然橡胶弹性衬垫。将仪器用地脚螺丝固定在基座上,安装后,设备成水平状态,仪器底座与基座之间要铺一层砂浆以确保它们完全接触。

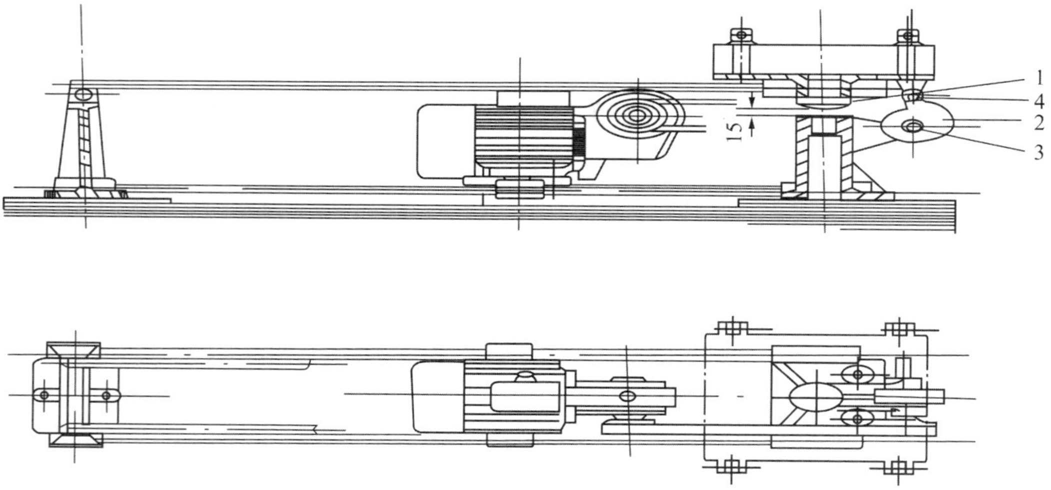

1—突头;2—凸轮;3—止动器;4—随动器

图 44-1 典型振动台示意

(3) 试模为可装卸的三联模，由隔板、端板、底座等部分组成，可同时成型三条截面为 40 mm×40 mm×160 mm 的棱形试件。下料漏斗由漏斗和模套两部分组成，如图 44-2 所示。漏斗用厚为 0.5 mm 的白铁皮制作，下料口宽度一般为 4～5 mm。模套高度为 20 mm，用金属材料制作。套模壁与模型内壁应重叠，超出内壁不应大于 1 mm。

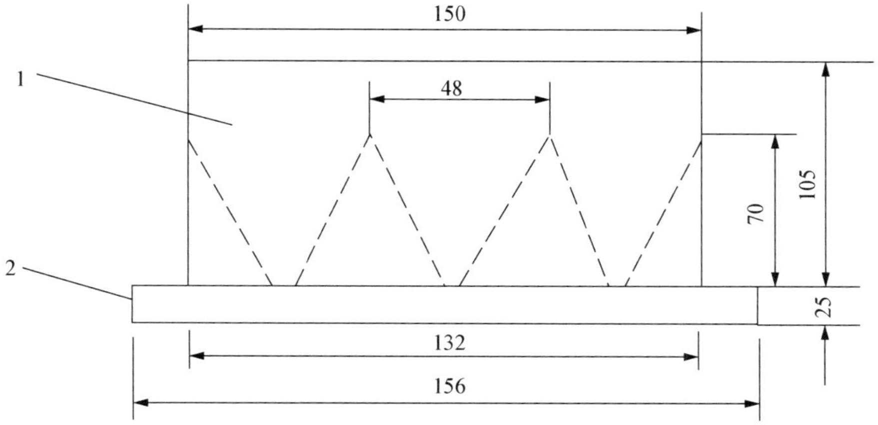

1—漏斗；2—模套

图 44-2　下料漏斗(单位：mm)

(4) 抗折试验机一般采用双杠杆式。三根圆柱轴的三个竖向平面应平行且等距离，并在试验时继续保持平行，其中一根支撑圆柱能轻微地倾斜使圆柱与试件完全接触，以便荷载沿试件宽度方向均匀分布，同时不产生任何扭转应力。抗折强度加荷如图 44-3 所示。抗折强度也可用抗压强度试验机测定。

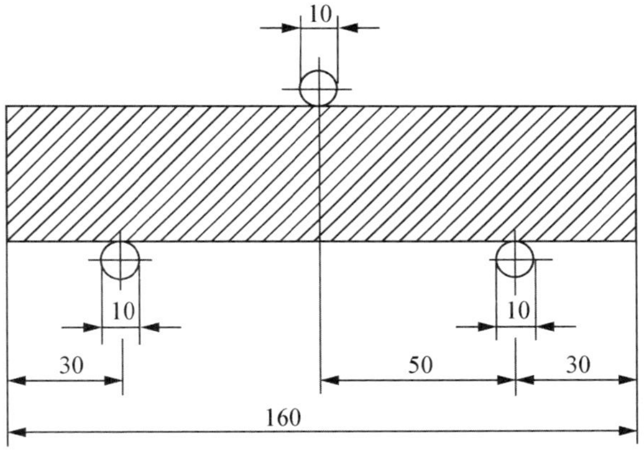

图 44-3　抗折强度测定加荷图(单位：mm)

(5) 抗压试验机的量程以 200～300 kN 为宜，在 80%量程范围内使用时，荷载精度可达±1.0%，加荷速率为(2 400±200) N/s，具有指示试件破坏时荷载的指示器。压力机的活塞竖向轴应与压力机的竖向轴重合，而且活塞作用的合力要通过试件中心。压力机的下压板表面应与该机的轴线垂直并在加荷过程中保持不变。抗压夹具应由硬质钢材制成，受压面积为 1 600 mm^2(40 mm×40 mm)。

(6) 天平:量程不小于 2 000 g,感量不大于 1 g。

(7) 水泥。

(8) 试验用砂:ISO 标准砂。

(9) 试验用水:饮用水。

44.5 实验方法

1. 试样准备

试件成型试验室温度应保持在(20±2) ℃(包括强度试验室),相对湿度大于 50%。养护箱温度为(20±1) ℃,相对湿度大于 90%;养护水的温度为(20±1) ℃。

1) 试件制备

成型前将试模擦净,四周模板与底座接触面上应涂上黄油,内壁均匀地刷一层薄薄的机油。

水泥与 ISO 标准砂的质量比为 1∶3,水灰比为 0.5。称取成型三条试件所需材料用量,其中:水泥(450±2) g,ISO 标准砂(1 350±5) g,水(225±1) mL。先将水加入锅中,再加入水泥,然后立即开动机器,低速搅拌 30 s 后;在第二个 30 s 开始的同时,均匀地将砂子加入,再高速搅拌 30 s;停拌 90 s,在第一个 15 s 内用胶皮刮具将叶片和锅壁上的胶砂刮入锅中;再高速搅拌 60 s。在各个阶段,时间误差应在±1 s 内。

将空试模和模套固定在振动台上,从搅拌锅中用适当的勺子将胶砂分两层装入试模。装第一层时,每个槽里约放 300 g 砂浆,用大播料器垂直架在模套顶部,沿每个模槽来回一次,将料层播平,振实 60 次。再装入第二层胶砂,用小播料器播平,再振实 60 次。移走模套,用刮尺以 90°的角度架在试模顶的一端,沿试模长度方向以横向锯割动作慢慢向另一端移动,一次将超出试模的胶砂刮去。并用同一直尺将试件表面抹平。

在试模上做标记或加字条表明试件的编号和试件相对于振动台的位置。两个龄期以上的试件,编号时,应将同一试模中的三条试件分在 2 个以上的龄期内。试验前或更换水泥品种时,搅拌锅、叶片和下料漏斗等须抹擦干净。

2) 试件养护

将试模放入养护箱养护,养护箱内箅板必须水平。水平放置时,刮平面应朝上。对于 24 h 龄期的,应在试验前 20 min 内脱模。对于 24 h 以上龄期的,应在成型后 20~24 h 内脱模。脱模时,应防止试件损伤。硬化较慢的水泥允许延期脱模,但须记录脱模时间。

试件脱模后放入水槽中养护,试件之间间隙或试件上表面的水深不得小于 5 mm。每个养护池中只能养护同类水泥试件,并应保持恒定水位。

2. 实验步骤

1) 抗折强度试验

以中心加荷法测定抗折强度。采用杠杆式抗折试验机试验时,试件放入前,应使杠杆呈水平状态。试件放入后调整夹具,使杠杆在试件折断时尽可能地接近水平位置。以(50±10) N/s 的加荷速度加载,直至折断,记录破坏荷载。并且保持两个半截棱柱处于潮湿状态直至抗压试验。

2）抗压强度试验

抗折试验后的两个断块应立即进行抗压试验。抗压试验须用抗压夹具进行，试件受压面为试件成型时的两个侧面，面积为 1 600 mm^2（40 mm×40 mm）。试验前，应清除试件受压面与加压板间的砂粒或杂物。以（2 400±200）N/s 的加荷速度加载直至破坏，在接近破坏时，更应严格控制加荷速度，记录破坏荷载。

44.6 实验结果整理及报告要求

1. 抗折强度 R_f

抗折强度 R_f 按式（44-1）计算，精确至 0.1 MPa。

$$R_f = \frac{1.5F_f \cdot L}{b^3} \tag{44-1}$$

式中 R_f ——抗折强度，MPa；

F_f ——破坏荷载，N；

L ——支撑圆柱中心距，mm；

b ——试件断面正方形的边长，为 40 mm。

取 3 块试件的抗折强度测定值的算术平均值，结果精确至 0.1 MPa。当 3 个强度值中有超过平均值±10%时，应将之剔除后再求平均，以平均值作为抗折强度的试验结果。

2. 抗压强度 R_c

抗压强度 R_c 按式（44-2）计算，精确至 0.1 MPa。

$$R_c = \frac{F_c}{A} \tag{44-2}$$

式中 R_c ——抗压强度，MPa；

F_c ——破坏荷载，N；

A ——受压面积，mm^2，40 mm×40 mm。

取 6 个抗压强度测定值的算术平均值，结果精确至 0.1 MPa。如果 6 个强度值中有一个值超过平均值±10%，应将之剔除后再求剩下的 5 个结果的平均值。如果 5 个值中再有超过平均值±10%的，则此组试件无效。

44.7 思考题

（1）水泥胶砂实验试件成型包含几个步骤？振实成型的具体操作方法是什么？

（2）水泥胶砂实验试件养护包含几个步骤？

（3）水泥胶砂抗压强度的测试方法是什么？

实验 45　水泥混凝土拌和物稠度实验(坍落度仪法)

45.1　实验的相关知识点

(1) 混凝土的坍落度。

(2) 混凝土的和易性。

45.2　实验目的

通过坍落度与坍落扩展度法测定混凝土拌和物的稠度,检验混凝土的和易性。

45.3　实验内容

坍落度与坍落扩展度法是通过提起坍落度筒后测定筒内混凝土下落的高度或者坍落成饼的直径的定量实验方法加上定性实验方法来评价混凝土的流动性、黏聚性和保水性,即混凝土的和易性。

45.4　实验的主要仪器设备和其他材料

(1) 坍落筒如图 45-1 所示,为铁板制成的截头圆锥筒,厚度不小于 1.5 mm,内侧平滑,没有铆钉头之类的突出物,在筒上方约 2/3 高度处有 2 个把手,近下端两侧焊有 2 个踏脚板。坍落筒尺寸如表 45-1 所列。

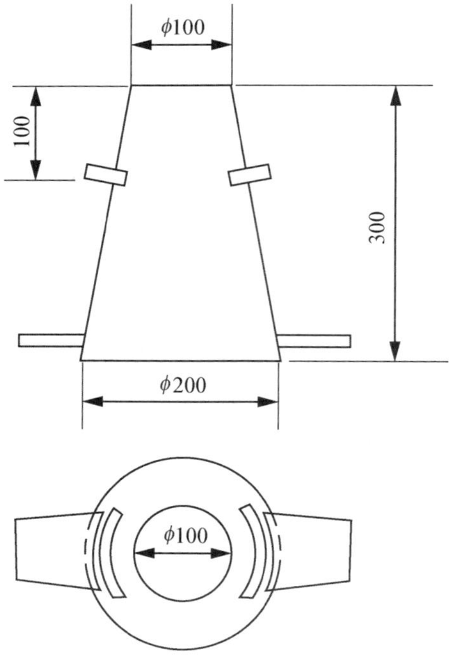

图 45-1　坍落度试验所用的坍落筒(单位:mm)

表 45-1　坍落筒尺寸

集料最大粒径/mm	筒的名称	筒的内部尺寸/mm		
		底面直径	顶面直径	高度
≤31.5	标准坍落筒	200±2	100±2	300±2

（2）捣棒：直径为 16 mm、长约 600 mm、具有半球形端头的钢质圆棒。

（3）钢尺：分度值为 1 mm。

（4）其他：小铲、木尺、抹刀和钢平板等。

45.5　实验方法

1. 试样准备

试验前将坍落筒内外洗净，放在经水润湿过的平板上（平板吸水时，应垫塑料布），并踏紧踏脚板。

2. 实验步骤

将代表样分三层装入筒内，每层的装入高度稍大于筒高的 1/3，用捣棒在每层的横截面上均匀插捣 25 次。插捣在全部面积上进行，沿螺旋线由边缘至中心，插捣底层时插至底部，插捣其他两层时，应插透本层并插入下层约 20～30 mm，插捣须垂直压下（边缘部分除外）。在插捣顶层时，装入的混凝土高出坍落筒，随插捣过程随时添加拌和物，当顶层插捣完毕后，清除多余的混凝土，用抹刀抹平筒口，刮净筒底周围的拌和物，而后立即垂直提起坍落筒，提筒宜控制在 3～7 s 内完成，并使混凝土不受横向及扭力作用。从开始装料到提出坍落筒的整个过程应在 150 s 内完成。

将坍落筒放在锥体混凝土试样一旁，筒顶平放木尺，用钢尺量出木尺底面至试样顶面最高点的垂直距离，即为该混凝土拌和物的坍落度，精确至 1 mm。

当混凝土试件的一侧发生崩坍或一边剪切破坏，则应重新取样另测。如果第二次仍发生上述情况，则表示该混凝土和易性不好，应把这个情况记录下来。当混凝土拌和物的坍落度大于 160 mm 时，用钢尺测量混凝土扩展后最终的最大直径和最小直径，在这两个直径之差小于 50 mm 的条件下，用其算术平均值作为坍落扩展度值；否则，此次实验无效。

进行坍落度实验的同时，可用目测方法评定混凝土拌和物的下列性质，并记录。

（1）棍度：按照插捣混凝土拌和物的难易程度评定。分“上”“中”“下”三级。“上”级表示插捣容易；“中”级表示插捣时稍有石子阻滞的感觉；“下”级表示很难插捣。

（2）黏聚性：观测拌和物各组成成分相互黏聚的情况。评定方法是用捣棒在已坍落的混凝土锥体侧面轻打，如锥体在轻打后逐渐下沉，表示黏聚性良好；若锥体突然倒坍、部分崩裂或发生石子离析现象，则表示黏聚性不好。

（3）保水性：指水分从拌和物中析出的情况，分“多量”“少量”“无”三级评定。“多量”表示提起坍落筒后，有较多水分从底部析出；“少量”表示提起坍落筒后，有少量水分从底部析出；“无”表示提起坍落筒后，没有水分从底部析出。

45.6　实验结果整理及报告要求

混凝土拌和物坍落度和坍落扩展度值精确至 1 mm。

45.7 思考题

（1）什么叫混凝土的和易性？

（2）影响混凝土流动性的因素有哪些？影响规律又是如何的？

实验 46　水泥混凝土抗压强度实验

46.1　实验的相关知识点

水泥混凝土的抗压强度。

46.2　实验目的

掌握水泥混凝土抗压强度的测试方法，测试值可用于水泥混凝土设计。

46.3　实验内容

根据不同的水泥混凝土强度等级，采用不同的加荷速度对试件进行加载直至破坏，计算抗压强度。

46.4　实验的主要仪器设备和其他材料

(1) 压力机或万能试验机：应具有加荷速度指示装置或加荷速度控制装置，上、下压板平整并有足够刚度，可均匀地连续加荷卸荷，可保持固定荷载。测量精度为±1%，试件破坏荷载应大于压力机全程的 20%且小于压力机全程的 80%。

(2) 球座：钢质坚硬，面部平整度要求在 100 mm 距离内的高低差值不超过 0.05 mm。

(3) 钢尺：分度值为 1 mm。

(4) 混凝土棱柱体强度等级大于或等于 C50 时，试件周围应设置防崩裂网罩。

46.5　实验方法

1. 试样准备

成型 150 mm×150 mm×150 mm 的立方体试件。混凝土抗压强度试件以同龄期者为 1 组，每组为 3 个同条件制作和养护的混凝土试件。

2. 实验步骤

试件养护至实验龄期，自养护室取出，用湿布覆盖以避免其湿度发生变化。在实验时擦干试件，测量其高度和宽度，精确至 1 mm。在压力机的下压板上放好试件，几何对中。

混凝土强度等级小于 C30 时，取 0.3～0.5 MPa/s 的加荷速度；混凝土强度等级大于或等于 C30 小于 C60 时，取 0.5～0.8 MPa/s 的加荷速度；混凝土强度等级大于或等于 C60 时，取 0.8～1.0 MPa/s 的加荷速度。当试件接近破坏而开始迅速变形时，应停止调整试验机油门，直至试件破坏，记下破坏极限荷载。

46.6　实验结果整理及报告要求

混凝土抗压强度按式(46-1)计算，结果精确至 0.1 MPa。

$$f_{cu}=\frac{F}{A} \tag{46-1}$$

式中 f_{cu} ——混凝土抗压强度,MPa;

F ——极限荷载,N;

A ——受压面积,mm^2。

当采用非标准尺寸试件测试混凝土的抗压强度时,应乘以尺寸换算系数。对于截面为 200 mm×200 mm 的试件,其尺寸换算系数为 1.05;对于截面为 100 mm×100 mm 的试件,其尺寸换算系数为 0.95。当混凝土强度等级大于或等于 C60 时,宜用截面为 150 mm×150 mm 的标准试件。

以 3 个试件测量值的算术平均值作为测定值,结果精确至 0.1 MPa。3 个试件测量值的最大值或最小值中,如有一个与中间值之差超过中间值的 15%,则取中间值为测定值;若最大值和最小值与中间值的差值均超过中间值的 15%,则该组实验结果无效。

46.7 思考题

影响水泥混凝土抗压强度的因素有哪些?影响规律又是如何的?

实验 47 水泥混凝土弯拉强度实验

47.1 实验的相关知识点

水泥混凝土的抗弯拉强度。

47.2 实验目的

掌握水泥混凝土抗弯拉强度的测试方法，测试值可用于水泥混凝土设计。

47.3 实验内容

根据不同的水泥混凝土强度等级，采用不同的加荷速度对试件进行加载直至破坏，计算抗弯拉强度。

47.4 实验的主要仪器设备和其他材料

(1) 压力机或万能试验机：应具有加荷速度指示装置或加荷速度控制装置，上、下压板平整并有足够刚度，可均匀地连续加荷卸荷，可保持固定荷载。测量精度为±1%，试件破坏荷载应大于压力机全程的 20%且小于压力机全程的 80%。

(2) 弯拉试验装置如图 47-1 所示。

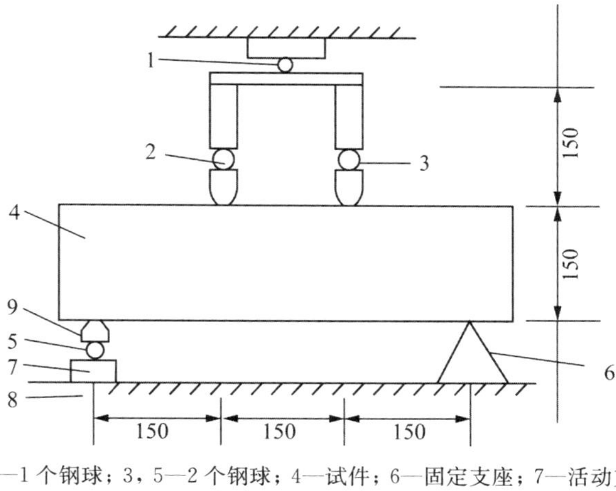

1，2—1 个钢球；3，5—2 个钢球；4—试件；6—固定支座；7—活动支座；8—机台；9—活动船形垫块

图 47-1 抗弯拉试验装置示意(单位:mm)

47.5 实验方法

1. 试样准备

成型尺寸为 150 mm×150 mm×550 mm 的长方体试件，在试件长度方向中部 1/3 区

段内表面不得有直径超过 5 mm、深度超过 2 mm 的孔洞。混凝土弯拉强度试件以同龄期者为 1 组，每组为 3 个同条件制作和养护的混凝土试件。

2. 实验步骤

试件养护至实验龄期，自养护室取出，用湿布覆盖以避免其湿度发生变化。在实验时擦干试件，测量其高度和宽度，精确至 1 mm。调整两个可移动支座，将试件安放在支座上，试件成型时侧面朝上，几何对中后，应使支座及承压面与活动船形垫块的接触面平稳、均匀，否则应垫平。

当混凝土的强度等级小于 C30 时，加荷速度为 0.02～0.05 MPa/s；当混凝土的强度等级大于或等于 C30 且小于 C60 时，加荷速度为 0.05～0.08 MPa/s；当混凝土的强度等级大于或等于 C60 时，加荷速度为 0.08～0.1 MPa/s。当试件接近破坏而开始迅速变形时，不得调整试验机油门，直至试件破坏，记下破坏极限荷载。

记录下最大荷载和试件下边断裂的位置。

47.6 实验结果整理及报告要求

当断面发生在两个加荷点之间时，试件的弯拉强度按式(47-1)计算，结果精确至 0.01 MPa。

$$f_f = \frac{FL}{bh^2} \tag{47-1}$$

式中 f_f ——试件的弯拉强度，MPa；

F ——极限荷载，N；

L ——支座间距离，mm；

b ——试件宽度，mm；

h ——试件高度，mm。

当采用尺寸为 100 mm×100 mm×400 mm 的非标准试件时，在三分点加荷的实验方法同前，但所取得的弯拉强度值应乘以尺寸换算系数(0.85)。当混凝土强度等级大于或等于 C60 时，应采用尺寸为 150 mm×150 mm×550 mm 的标准试件。

以 3 个试件测量值的算术平均值作为测定值。3 个试件测量值的最大值或最小值中如有一个与中间值之差超过中间值的 15%，则把最大值和最小值舍去，以中间值作为试件的弯拉强度。如有两个测量值与中间值的差值均超过 15%时，则该组试验结果无效。

3 个试件中如有一个断裂面位于加荷点外侧，则混凝土弯拉强度按另外 2 个试件的实验结果计算。如这 2 个测量值的差值不大于这两个测量值中最小值的 15%，则以 2 个测量值的平均值作为测试结果，否则结果无效。若有 2 个试件均出现断裂面位于加荷点外侧，则该组实验结果无效。

47.7 思考题

影响水泥混凝土弯拉强度的因素有哪些？

实验 48　路面摩擦系数实验(摆式摩擦仪)

48.1　实验的相关知识点

(1) 摩擦系数实验的测试方法。

(2) 摩擦系数表征的物理意义。

48.2　实验目的

摩擦系数实验用于测定沥青路面的摩擦系数,用于检验实际路面的抗滑性能。

48.3　实验内容

路面摩擦系数实验,测试沥青路表面的摩擦系数,以此来表征沥青路面的抗滑性能。

48.4　实验的主要仪器设备和其他材料

(1) 指针式摆式仪的形状及结构如图 48-1 所示,由人工通过观察指针在度盘上的位置直接读值,摆值最小刻度为 2。

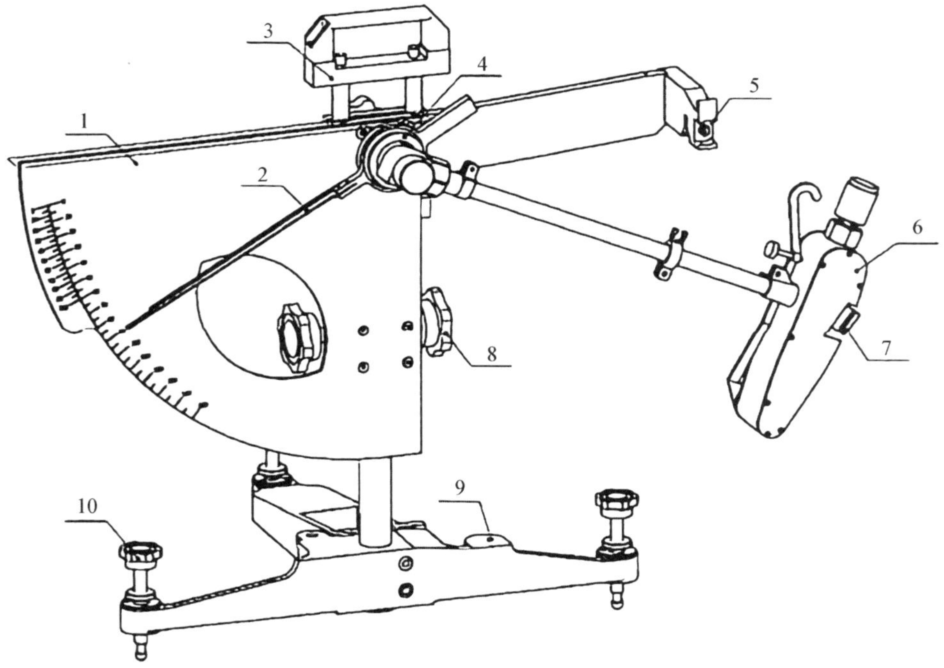

1—度盘;2—指针;3—紧固把手;4—松紧调节螺栓;5—释放开关;6—摆;7—滑溜块;8—升降把手;9—水准泡;10—调平螺栓

图 48-1　指针式摆式仪结构示意

(2) 橡胶片的尺寸为6.35 mm×25.4 mm×76.2 mm,橡胶质量应符合表48-1的要求。当橡胶片使用后,端部在长度方向上磨耗超过1.6 mm或边缘在宽度方向上磨耗超过3.2 mm或有油类污染时,应更换橡胶片。新的橡胶片应先在干燥路面上测试10次后再用于测试,橡胶片的有效使用期为12个月,自出厂日期起算。

表48-1 橡胶理性质技术要求

性质指标	温度/℃				
	0	10	20	30	40
回弹值	43%～49%	58%～65%	66%～73%	71%～77%	74%～79%
硬度/HD	55±5				

(3) 滑动长度量尺:长度为126 mm。

(4) 喷水壶。

(5) 路面温度计:分度不大于1 ℃。

(6) 其他:毛刷或扫帚、记录表格等。

48.5 实验方法

1. 试样准备

检查指针式摆式仪的调零灵敏情况,并定期进行滑块压力的标定。

在路段内选择测试位置,每个测试位置布设3个测点,测点间的距离为3～5 m,以中心测点的位置表示该测试位置。测试位置应选在车道横断面上的轮迹处,且距路面边缘不应小于1 m。

2. 实验步骤

(1) 清洁路面。用扫帚或其他工具将测点处路面上的浮尘或附着物打扫干净。

(2) 仪器调平。将指针式摆式仪置于路面测点上,并使摆的摆动方向与行车方向一致。转动底座上的调平螺栓,使水准泡居中。

(3) 指针调零。

① 放松紧固旋钮,转动升降旋钮,使摆升高并能自由摆动,然后旋紧紧固旋钮。

② 将摆固定在右侧悬臂上,使摆处于水平位置,并把指针拨至右端与摆杆贴紧。

③ 右手按下释放开关,使摆向左带动指针摆动,当摆达到最高位置后刚开始下落时,用左手将摆杆接住,此时指针应指向零。

④ 指针若不指向零,通过转动松紧调节螺母进行调整后,重复(3)中的步骤①—③,直至指针指向零,调零允许误差为±1。

(4) 校核滑动长度。

① 让摆处于自然下垂状态,松开固定旋钮,转动升降旋钮使摆下降。与此同时,提起举升柄使摆向左侧移动,然后放下举升柄使橡胶片下缘轻轻触地,紧靠橡胶片摆放滑动长度量尺,使量尺左端对准橡胶片下缘;再提起举升柄使摆向右侧移动,然后放下举升柄使橡胶片下缘轻轻触地,检查橡胶片下缘是否与滑动长度量尺的右端齐平。若齐平,则说明胶片两次触地的距离(滑动长度)符合(126±1) mm的要求。校核滑动长度时,应以橡胶片长边

刚刚接触路面为准,不可借摆的力量向前滑动,以免标定的滑动长度与实际不符。

② 橡胶片两次触地与量尺两端若不齐平,通过升高或降低摆或仪器底座的高度进行调整。微调时,也可采用旋转仪器底座上的调平螺丝来调整仪器底座的高度,但须注意保持水准泡居中。

③ 重复(4)中的步骤①和步骤②,直至滑动长度符合(126±1) mm 的要求。

(5) 将摆固定在右侧悬臂上,使摆处于水平位置,并把指针拨至右端靠紧摆杆。用喷水壶浇洒测点处路面,使之处于湿润状态。按下右侧悬臂上的释放开关,使摆在路面滑过,当摆杆回落时,用手接住摆杆并读数,但不做记录。

(6) 重复步骤(5)且操作 5 次,读记每次测试的摆值。5 个摆值中的最大值与最小值的差值不得大于 3,若差值大于 3,应重复上述各项操作,直至符合规定为止。在测点处用温度计测记潮湿路表的温度,准确至 1 ℃。

重复步骤(1)—(6),完成一个测试位置 3 个测点的摆值测试。

48.6 实验结果整理及报告要求

计算每个测点 5 个摆值的平均值作为该测点的摆值 BPN,取整数。

摆值的温度修正:当路面温度为 T (℃)时测得的摆值 BPN_T 应按式(48-1)换算成标准温度 20 ℃的摆值 BPN_{20}:

$$BPN_{20} = BPN_T + \Delta BPN = \frac{31\ 831}{D^2} \tag{48-1}$$

式中 BPN_{20}——换算成标准温度 20 ℃时的摆值;

BPN_T ——路面温度为 T ℃时测得的摆值;

ΔBPN ——温度修正值按表 48-2 采用。

表 48-2 温度修正值

温度/℃	0	5	10	15	20	25	30	35	40
温度修正值 ΔBPN	−6	−4	−3	−1	0	+2	+3	+5	+7

计算每个测试位置 3 个测点摆值的平均值作为该测试位置的摆值,取整数。计算一个测试路段摆值的平均值、标准差和变异系数。

实验数据应包含以下技术内容:①测试路段信息(桩号、测试位置等);②每个测试位置的摆值(3 个测点的平均值);③测试路段摆值的平均值、标准差和变异系数。

48.7 思考题

(1) 级配性能对沥青混合料的摆值 BPN 会有怎样的影响?试分析影响沥青混合料 BPN 的因素有哪些。

(2) 对比构造深度和摆值 BPN,评价沥青路面抗滑性能的优缺点。

实验 49 路面平整度实验(三米直尺法)

49.1 实验的相关知识点

(1) 平整度实验的测试方法。

(2) 平整度表征的物理意义。

49.2 实验目的

平整度实验用于测定碾压成型后的路基路面各层表面的平整度。

49.3 实验内容

平整度实验是用三米直尺测试路表与三米直尺基准面的最大间隙,用以表征路表的平整度。

49.4 实验的主要仪器设备和其他材料

(1) 三米直尺:测量基准面长度为 3 m,基准面应平直,用硬木或铝合金钢等材料制成。

(2) 最大间隙测量器具有楔形塞尺和深度尺两种。

① 楔形塞尺:硬木或金属制的三角形塞尺,有手柄。塞尺的长度与高度之比不小于 10,宽度不大于 15 mm,边上有高度标记,分度值不大于 0.5 mm。

② 深度尺:金属制的深度测量尺,有手柄。深度尺测量杆端头的直径不小于 10 mm,分度值不大于 0.5 mm。

(3) 其他:皮尺或钢尺等。

49.5 实验方法

1. 测试准备

(1) 确定测试方式。当测试沥青路面施工过程中的质量时,应以单尺方式测试,且测试位置应选在接缝处;其他情况一般以连续 10 尺方式测试。

(2) 选择测试位置。除特殊需要外,应以行车道一侧车轮轮迹(距车道线 0.8~1.0 m)作为连续测试的位置。对已形成车辙的既有道路路面,应取车辙中间位置作为测试位置。

(3) 清扫路面测试位置处的碎石、杂物等。

2. 实验步骤

(1) 将三米直尺沿道路纵向摆在测试位置的路面上。

(2) 目测三米直尺底面与路表面之间的间隙情况,确定最大间隙的位置。

(3) 将具有高度标线的楔形塞尺塞进间隙处,测试其最大间隙的高度;或者用深度尺在最大间隙位置测试直尺上顶面距地面的深度,该深度减去尺高即为测试点最大间隙的高度,以 mm 计,精确至 0.5 mm。

49.6 实验结果整理及报告要求

单尺测试路面的平整度计算以三米直尺与路面的最大间隙为测试结果，连续测试 10 尺时，判断每尺最大间隙是否合格，并计算合格率以及 10 个最大间隙的平均值。

49.7 思考题

路面平整度与哪些因素有关？应如何提高路面的平整度？

实验 50　贝克曼梁测定路面回弹弯沉实验

50.1　实验的相关知识点

（1）采用贝克曼梁测试回弹弯沉的方法。

（2）回弹弯沉表征的物理意义。

50.2　实验目的

通过测定路面的回弹弯沉以评定路面的承载能力或供路面结构设计使用，也可用于路基路面施工过程中的弯沉检验。

50.3　实验内容

通过贝克曼梁来测定路面回弹弯沉值。

50.4　实验的主要仪器设备和其他材料

（1）贝克曼梁：由合金铝制成，上有水准泡，其前臂与后臂的长度比为 2∶1。按长度分为 5.4 m(3.6 m+1.8 m)梁和 3.6 m(2.4 m+1.2 m)梁两种，如图 50-1 所示。长度为 5.4 m的贝克曼梁适用于各种类型的路面结构回弹弯沉的测试；长度为 3.6 m 的贝克曼梁适用于柔性基层沥青路面回弹弯沉的测试。

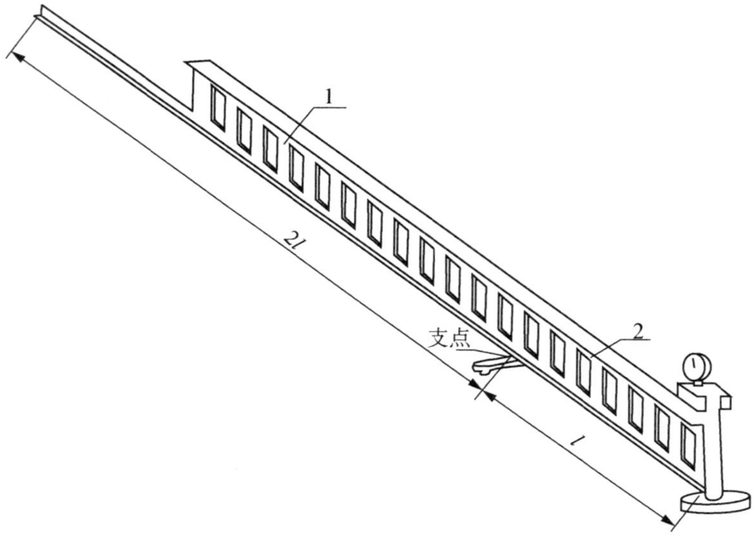

1—前臂；2—后臂

图 50-1　贝克曼梁结构示意

(2) 加载车：单后轴、单侧双轮组的载重车，双轮轮隙应能满足自由插入贝克曼梁测头的要求，轴载、轮胎气压等技术参数应符合表 50-1 的要求。

(3) 百分表及表架。

(4) 路表温度计：分辨率不大于 1 ℃。

(5) 其他：钢直尺等。

表 50-1　载车的参数要求

项目	要求
后轴标准轴载 P/kN	100±1
单侧双轮荷载/kN	50±0.5
轮胎气压/MPa	0.7±0.05
单轮传压面当量圆面积/mm^2	$(3.56\pm0.20)\times10^4$

50.5　实验方法

1. 实验准备

检查加载车的车况、制动性能和胎压，称量后轴轴载、单侧双轮荷载等，其参数应符合表 50-1的要求。加载车行驶及测试过程中轴重不应变化。若启用新加载车或加载车轮胎发生较大磨损时，测试轮胎传压面的面积。

在沥青路面上测试时，通过气象台了解前 5 天的平均气温(日最高气温与最低气温的平均值)。

记录沥青路面结构层的材料类型、设计厚度等情况。

2. 实验步骤

(1) 将加载车停放在测试路段的测试位置，后轮一般应置于道路行车轮迹带上。将贝克曼梁插入加载车后轮轮隙处，与加载车行车方向一致，梁臂不得接触轮胎。贝克曼梁测头置于轮隙中心前方 30～50 mm 处的测点上。用路表温度计测量并记录测点附近的路表温度。可采用两台贝克曼梁对双侧轮迹同时进行回弹弯沉测试。

(2) 将百分表安装在表架上，并将百分表的测头安放在贝克曼梁的测定杆顶面。轻轻叩击贝克曼梁，确保百分表能正常归位。

(3) 指挥加载车缓缓前进，速度一般为 5 km/h 左右，百分表的示值随着路面变形持续增加。当示值最大时，迅速读取初读数 L_1。加载车仍继续前进，示值开始反向变化，待加载车驶出弯沉影响半径(约 3 m 以上)，百分表的示值稳定后，读取终读数 L_2。

(4) 指挥加载车沿轮迹带前行，驶向下一测试位置，重复步骤(1)—(3)，完成测试路段的回弹弯沉测试。

当采用 5.4 m 贝克曼梁测试弯沉时，一般可不进行支点变形修正。当有可能引起贝克曼梁支座处变形，在测试时应检验支点有无变形。如果有变形，应用另一台测试用的贝克曼梁安装在测定用贝克曼梁的后方，其测点架于测定用贝克曼梁的支点旁。当加载车开出时，同时测定两台贝克曼梁的弯沉读数，如检验贝克曼梁百分表有读数，即应该记录并进行支点变形修正。当在同一结构层上测定时，可在不同位置测定 5 次，求平均值，以后每次测定时以此作为修正值。支点变形修正原理如图 50-2 所示。

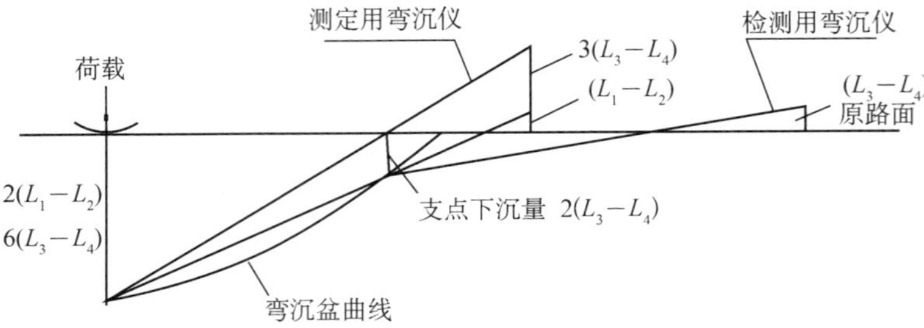

图 50-2　贝克曼梁支点变形修正原理

50.6　实验结果整理及报告要求

(1) 路面测点的回弹弯沉值按式(50-1)计算：

$$l_t=(l_1-l_2)\times 2 \tag{50-1}$$

式中　l_t——在沥青面层平均温度 t 时的回弹弯沉值，0.01 mm；

l_1——车轮中心临近贝克曼梁测头时百分表的最大读数，0.01 mm；

l_2——加载车驶出弯沉影响半径后待百分表稳定时的终读数，0.01 mm。

(2) 当需要进行弯沉仪支点变形修正时，按式(50-2)计算路面测点回弹弯沉值。

$$l_t=(l_1-l_2)\times 2+(l_3-l_4)\times 6 \tag{50-2}$$

式中　l_3——加载车中心临近贝克曼梁测头时检验用贝克曼梁的最大读数，0.01 mm；

l_4——加载车驶出弯沉影响半径后检验用贝克曼梁的终读数，0.01 mm。

(3) 当沥青面层厚度大于 50 mm 时，回弹弯沉值应根据沥青面层的平均温度进行温度修正，具体步骤如下：

① 按式(50-3)计算沥青面层的平均温度 t：

$$t=(t_{25}+t_m+t_e)/3 \tag{50-3}$$

式中　t——测定时沥青面层平均温度，℃；

t_{25}——根据 t_0 由图 50-3 决定的路表下 25 mm 处的温度，℃；

t_m——根据 t_0 由图 50-3 决定的沥青面层中间深度的温度，℃；

t_e——根据 t_0 由图 50-3 决定的沥青面层底面处的温度，℃；

t_0——测定时路表温度与测定前 5 天日平均气温的平均值之和，℃；日平均气温为日最高气温与最低气温的平均值。

② 当沥青面层平均温度在(20±2)℃时，温度修正系数 $K=1$。当沥青面层平均温度为其他温度时，应根据沥青面层厚度，分别由图 50-4 及图 50-5 求取不同基层的沥青路面弯沉值的温度修正系数 K。

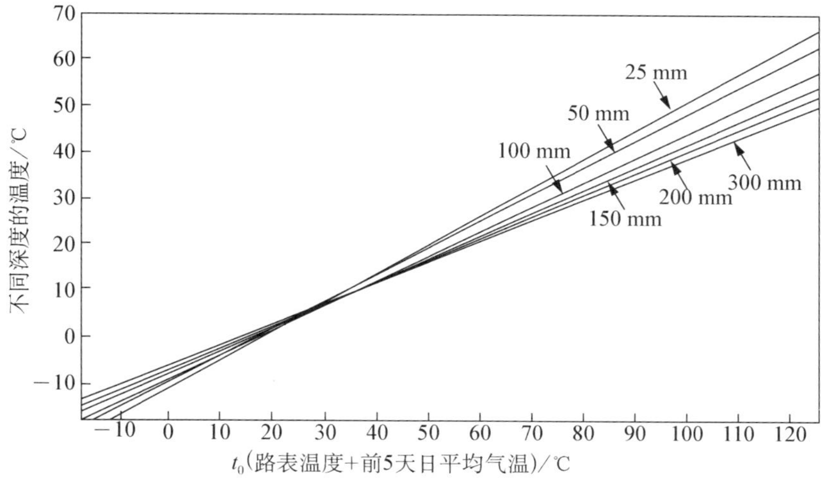

图 50-3　沥青面层平均温度的确定

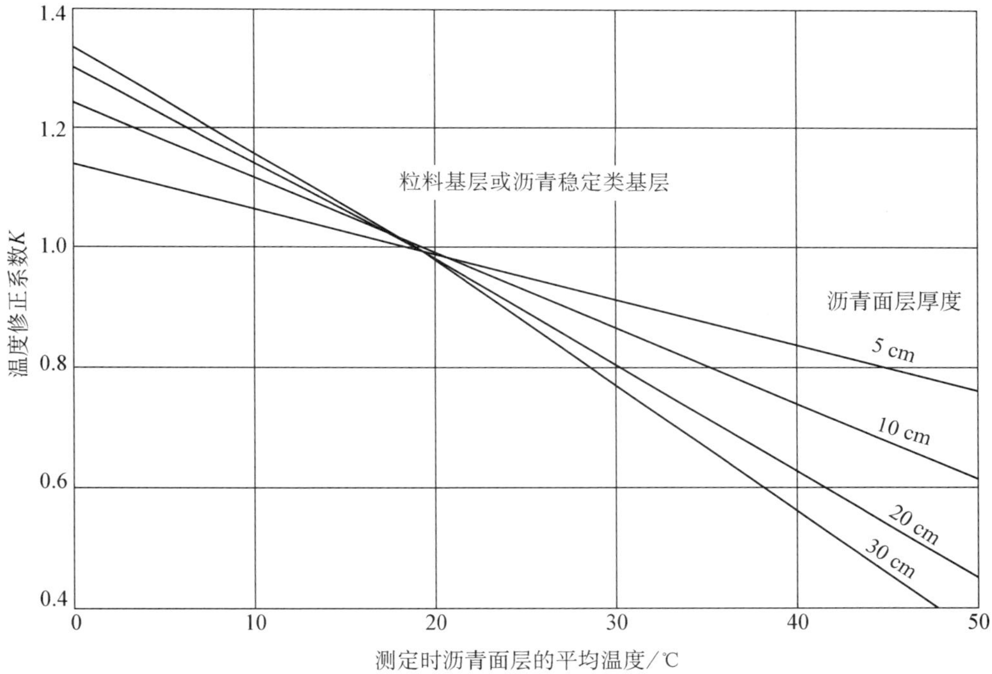

图 50-4　路面弯沉温度修正系数曲线(适用于粒料基层或沥青稳定基层)

③ 按式(50-4)计算修正后的沥青路面回弹弯沉值：

$$l_{20}=l_t \cdot K \tag{50-4}$$

式中　K——温度修正系数；

l_{20}——修正后的沥青路面回弹弯沉值，0.01 mm。

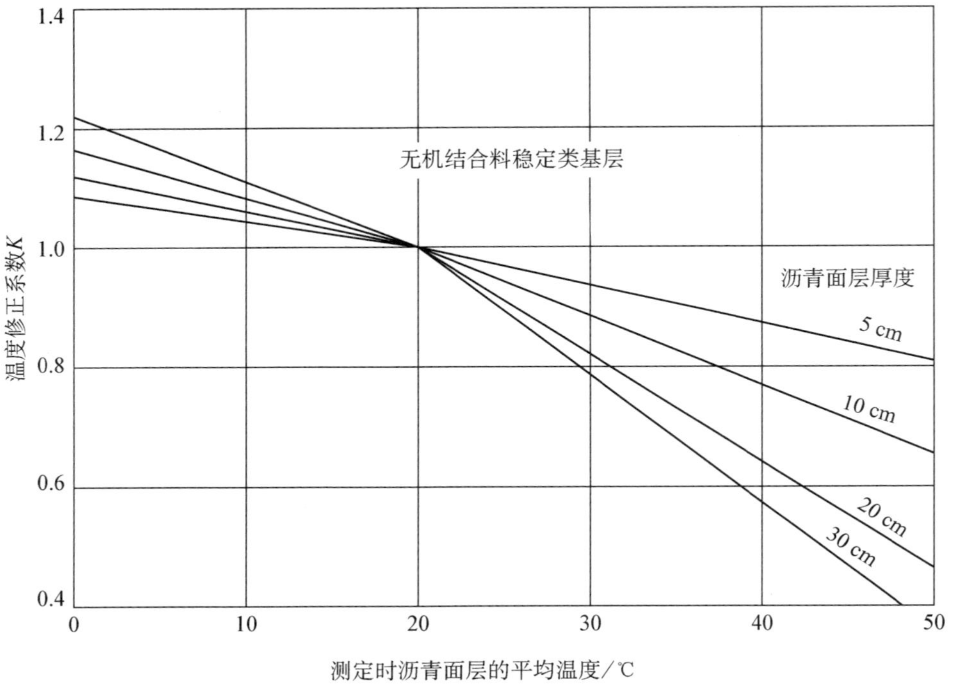

图 50-5 路面弯沉温度修正系数曲线(适用于无机结合料稳定类基层)

50.7 思考题

(1) 回弹弯沉和弯沉的区别与联系。

(2) 简述贝克曼梁测定路面回弹弯沉的优缺点。

实验 51　落锤式弯沉仪测定路面回弹弯沉实验

51.1　实验的相关知识点

(1) 采用落锤式弯沉仪(Falling Weight Deflectometer，FWD)测试回弹弯沉的方法。

(2) 回弹弯沉表征的物理意义。

51.2　实验目的

本方法适用于采用落锤式弯沉仪测试路表在冲击荷载作用下产生的瞬时变形，即动态弯沉，以评价路基路面的承载能力。

51.3　实验内容

通过落锤式弯沉仪来测定路面的回弹弯沉。

51.4　实验的主要仪器设备和其他材料

落锤式弯沉仪由荷载发生装置、弯沉检测装置、控制系统与牵引车等组成，具体要求如下。

(1) 荷载发生装置：重锤的质量及落高根据使用目的与道路等级选择，荷载由传感器测试。如无特殊需要，重锤的质量为(200±10)kg，可产生(50±2.5)kN 的冲击荷载。承载板呈十字对称分开成四部分，且底部固定有橡胶片，直径一般为 300 mm，也可为 450 mm。

(2) 弯沉检测装置：由一个或多个位移传感器组成，且位移分辨率不大于 0.001 mm，如图 51-1 所示。承载板中心应设有一个位移传感器，其他位移传感器与中心处传感器呈线

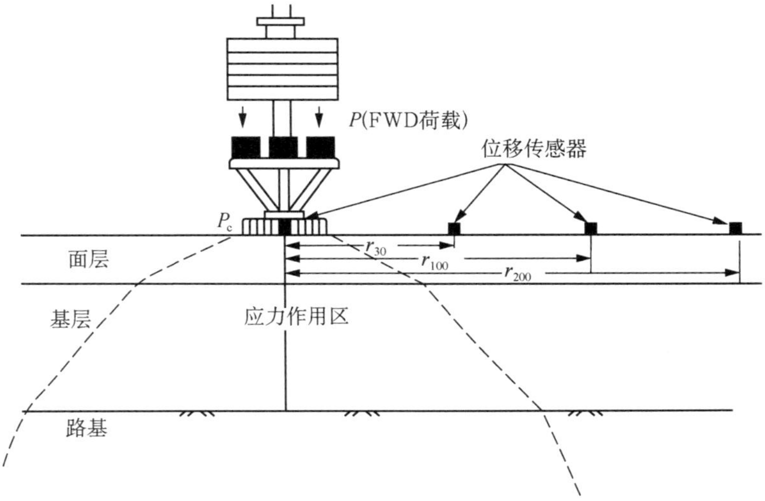

图 51-1　落锤式弯沉仪传感器布置及应力作用状态示意

性布置，一般分布在距承载板中心 2 500 mm 范围内。当反算路面结构层模量时，位移传感器的总数应不少于 7 个，且布置位置应包括 0 mm，300 mm，600 mm，900 mm 四处。

(3) 控制系统：在冲击荷载作用期间内，测量并记录冲击荷载及各个位移传感器所在位置的动态变形。

(4) 牵引车：牵引 FWD 并安装控制装置的车辆。

51.5 实验方法

1. 实验准备

调整重锤的质量及落高，使重锤质量及产生的冲击荷载满足要求。检查 FWD 的车况及使用性能，确保功能正常。将 FWD 牵引至测试地点，需要注意的是，牵引 FWD 行驶的速度不宜超过 50 km/h。开启 FWD，对传感器进行标定。

2. 实验步骤

(1) 将 FWD 牵引至测试路段的起始位置，输入测试位置信息，设定好状态参数。

(2) 将承载板中心位置对准测点，测点一般应布置在车道轮迹带处。落下承载板，放下弯沉检测装置的各个位移传感器。

(3) 启动荷载发生装置，落锤瞬即自由落下，冲击力作用于承载板上，又立即自动提升至原来位置固定。同时，记录荷载数据，各个位移传感器测量并记录路表变形数据，变形峰值即为弯沉值。每个测点重复测试应不少于 3 次。

(4) 提起传感器及承载板，牵引车向前移动至下一个测点，重复步骤(2)—(3)，完成测试路段的测试。

51.6 实验结果整理及报告要求

1. 弯沉值 l_0

3 次测试结果的平均值为该测定的弯沉值。

2. 温度修正系数 K

弯沉的温度修正系数 K 按式(51-1)计算：

$$K = e^{[9\times10^{-6}(\ln E_0-1)h_a+4\times10^{-3}](20-T)} \tag{51-1}$$

式中 K ——温度修正系数；

T ——弯沉测定时沥青结合料类材料层中点实测或预估温度，℃；

h_a ——沥青结合料类材料层厚度，mm；

E_0 ——平衡湿度状态下路基顶面回弹模量，MPa。

3. 温度修正后的弯沉值 l

温度修正后的弯沉值 l 按式(51-2)计算：

$$l = l_0 \cdot K \tag{51-2}$$

51.7 思考题

FWD 测试路面回弹弯沉相比于贝克曼梁测试路面回弹弯沉有哪些优缺点？

第3篇　设计型实验

实验52　热拌沥青混合料配合比设计实验

52.1　实验的相关知识点

(1) 级配设计理论及其应用。
(2) 沥青混合料拌和工艺。
(3) 马歇尔试件成型方法。
(4) 沥青混合料体积参数测定与计算方法。
(5) 沥青混合料基本性能测试与计算方法。

52.2　实验目的

通过热拌沥青混合料配合比设计实验熟悉热拌沥青混合料马歇尔设计方法的原理与流程;掌握沥青混合料拌和、马歇尔试件成型的方法;掌握沥青混合料体积参数、基本性能的测试方法;具备相关数据处理分析能力。

52.3　实验的主要仪器设备和其他材料

(1) Brookfield 黏度计。
(2) 烘箱:有自动温度控制器,控温的精确度为±1 ℃。
(3) 沥青混合料拌和机。
(4) 沥青混合料马歇尔成型仪。
(5) 沥青混合料马歇尔稳定度实验机。
(6) 万能试验机或压力机。
(7) 天平。
(8) 恒温水域。
(9) 游标卡尺。

52.4　实验方法

1. 准备工作

(1) 矿料的筛分和密度实验:对于配制沥青混合料的几档集料和矿粉,分别进行筛分实验和密度实验，测试各档矿料的级配组成、表观相对密度和毛体积相对密度。

(2) 沥青的布什黏度实验：在 100～180 ℃范围内，测试沥青在 5 个温度下的布什黏度(建议温度为 120 ℃，135 ℃，150 ℃，165 ℃和 180 ℃)，绘制沥青的布什黏度与温度的黏温曲线；根据黏温曲线，确定沥青黏度为(0.17±0.02)Pa·s 和(0.28±0.03)Pa·s 时的温度，即为沥青混合料的拌和温度与碾压温度。若缺乏黏温曲线，可参考表 52-1 选择沥青混合料的制作温度。

表 52-1 热拌沥青混合料试件的制作温度 单位：℃

施工工序	50#	70#	90#	110#	130#
沥青加热温度	160～170	155～165	150～160	145～155	140～150
矿料加热温度	集料加热温度比沥青温度高 10～30(填料不加热)				
沥青混合料拌和温度	150～170	145～165	140～160	135～155	130～150
试件击实成型温度	140～160	135～155	130～150	125～145	120～140

2. 实验步骤

(1) 矿料配合比设计。采用马歇尔设计方法进行矿料配合比设计。首先，根据设计混合料公称最大粒径尺寸确定混合料的设计级配范围，具体见表 52-2。其次，基于矿料的筛分实验结果，在级配范围内设计 3 条级配曲线，设计原则是：一条级配曲线靠近设计级配范围中值；另一条级配曲线位于设计级配范围中值与级配上限之间；第三条级配曲线位于设计级配范围中值与级配下限之间，且设计级配不得有太多的锯齿形交错。最后，确定 3 条级配曲线各档矿料的用量比例，具体填写表 52-3。

表 52-2 密级配沥青混合料矿料级配范围

级配类型	通过下列筛孔(mm)的质量百分率												
	31.5	26.5	19	16	13.2	9.5	4.75	2.36	1.18	0.6	0.3	0.15	0.075
AC-25	100%	90%～100%	75%～90%	65%～83%	57%～76%	45%～65%	24%～52%	16%～42%	12%～33%	8%～24%	5%～17%	4%～13%	3%～7%
AC-20		100%	90%～100%	78%～92%	62%～80%	50%～72%	26%～56%	16%～44%	12%～33%	8%～24%	5%～17%	4%～13%	3%～7%
AC-16			100%	90%～100%	76%～92%	60%～80%	34%～62%	20%～48%	13%～36%	9%～26%	7%～18%	5%～14%	4%～8%
AC-13				100%	90%～100%	68%～85%	38%～68%	24%～50%	15%～38%	10%～28%	7%～20%	5%～15%	4%～8%
AC-10					100%	90%～100%	45%～75%	30%～58%	20%～44%	13%～32%	9%～23%	6%～16%	4%～8%
AC-5						100%	90%～100%	55%～75%	35%～55%	20%～40%	12%～28%	7%～18%	5%～10%

表 52-3　初试混合料的配合比

级配编号	各种集料配比			
	矿料一	矿料二	矿料三	矿粉
1	$X1$	$Y1$	$Z1$	$W1$
2	$X2$	$Y2$	$Z2$	$W2$
3	$X3$	$Y3$	$Z3$	$W3$

(2) 沥青混合料用量的确定。以一个马歇尔试件矿料用量 1 200 g 为准,计算各档矿料的用量;根据工程经验或已有研究成果,初定一个沥青油石比,根据初拟的油石比计算沥青用量。

(3) 沥青混合料的拌和。以确定的沥青、矿料加热温度在烘箱内加热沥青和矿料。将拌和锅预热至拌和温度,加入各档粗集料拌和 60～90 s,加入沥青拌和 60～90 s,再加入矿粉继续拌和 60～90 s。

(4) 沥青混合料的成型。称取拌和好的沥青混合料(初始 1 200 g),装入已经预热的马歇尔试件套筒,启动马歇尔击实仪,双面各击实 75 次成型马歇尔试件,测试马歇尔试件的高度 h,以目标高度 63.5 mm 为控制指标,计算实际需要的沥青混合料的质量 $Q=1\ 200\times 63.5/h$。称取质量为 Q 的沥青混合料,重新装入已经预热的马歇尔试件套筒,启动马歇尔击实仪,双面各击实 75 次成型马歇尔试件,测试马歇尔试件的高度 h_1。检验 h_1 是否在(63.5±1.3) mm 范围内,如果在该范围内,采用质量 Q 的沥青混合料继续成型马歇尔试件;如果不在该范围内,采用上述方法继续调整一个试件所需的质量,直至成型后的马歇尔试件高度满足要求。

(5) 成型后的马歇尔试件室温下放置 12 h,脱掉马歇尔试件套筒。测量马歇尔试件高度,只有高度为(63.5±1.3) mm 的试件才满足成型要求,方可继续使用。称量试件的空气中重、水中重、饱和面干重,用真空法测试或计算试件的最大理论相对密度,计算试件的毛体积密度、空隙率、矿料间隙率、沥青饱和度等体积参数。同时进行马歇尔稳定度实验,测试试件的马歇尔稳定度和流值。根据试件的体积参数和马歇尔稳定度实验结果,以同时满足表 52-4 要求的级配作为矿料级配。

(6) 最佳油石比的确定。以确定的矿料配合比,在初拟油石比、初拟油石比±0.5%、初拟油石比±1%这 5 个油石比下成型马歇尔试件,测试试件的毛体积密度、空隙率、矿料间隙率、沥青饱和度等各种体积参数,同时进行马歇尔稳定度实验。

表 52-4　密级配沥青混合料马歇尔实验技术标准

实验指标	高速公路、一级公路			
	中轻交通	重载交通	中轻交通	重载交通
击实次数(双面)/次	75			
试件尺寸/mm	ϕ101.6×63.5			
空隙率 VV	3%～5%	4%～6%	2%～4%	3%～5%
稳定度 MS/kN	≥8			
流值 FL/mm	2～4	1.5～4	2～4.5	2～4

（续表）

	设计空隙率	相应于以下公称最大粒径(mm)的最小 *VMA* 及 *VFA* 技术要求			
		26.5	19	16	13.2
矿料间隙率 *VMA*	2%	10%	11%	11.5%	12%
	3%	11%	12%	12.5%	13%
	4%	12%	13%	13.5%	14%
	5%	13%	14%	14.5%	15%
	6%	14%	15%	15.5%	16%
沥青饱和度 *VFA*		55%～70%	65%～75%		

根据测试结果，绘制试件的毛体积密度、空隙率、沥青饱和度、马歇尔稳定度、流值分别与油石比的关系曲线。根据曲线，确定试件毛体积密度最大值、马歇尔稳定度最大值、设计空隙率范围中值、设计沥青饱和度范围中值对应的油石比 a_1，a_2，a_3 和 a_4，取四者的平均值作为最佳沥青用量的初始值 OAC_1。

计算毛体积密度、空隙率、沥青饱和度、马歇尔稳定度和流值均满足表 52-4 技术要求的油石比 $OAC_{min} \sim OAC_{max}$，取 OAC_{min} 和 OAC_{max} 的平均值作为最佳沥青用量的初始值 OAC_2。

取 OAC_1 和 OAC_2 的平均值作为最佳油石比 OAC，检验 OAC 对应试件的矿料间隙率 VMA 是否满足表 52-4 对 VMA 最小值的要求。

(7) 在最佳油石比下拌制沥青混合料，进行沥青混合料的车辙实验、冻融劈裂实验和低温弯曲实验，设计的沥青混合料的动稳定度、冻融劈裂强度比、极限弯拉应变应分别满足表 52-5—表 52-7 的要求。

表 52-5　密级配沥青混合料高温性能技术要求

气候条件与技术指标	相应于下列气候分区所要求的动稳定度/(次·mm^{-1})								
七月平均最高气温及气候分区	>30 ℃			20～30 ℃					<20 ℃
	夏炎热区			夏热区					夏凉区
	1-1	1-2	1-3	1-4	2-1	2-2	2-3	2-4	3-2
普通沥青混合料	≥800		≥1 000	≥600		≥800			≥600
改性沥青混合料	≥2 400		≥2 800	≥2 000		≥2 400			≥1 800

表 52-6　密级配沥青混合料水稳定性能技术要求

气候条件与技术指标	相应于下列气候分区所要求的冻融劈裂强度比			
年降水量及气候分区/mm	>1 000	500～1 000	250～500	<250
	潮湿区	湿润区	半干区	干旱区
普通沥青混合料	≥80%		≥75%	
改性沥青混合料	≥85%		≥80%	

表 52-7　密级配沥青混合料低温性能技术要求

气候条件与技术指标	相应于下列气候分区所要求的极限破坏应变/$\mu\varepsilon$			
年降水量及气候分区/mm	<−37.0	−21.5～−37.0	−9.0～−21.5	>−9.0
	冬严寒区	冬寒区	冬冷区	冬温区
普通沥青混合料	≥2 600	≥2 300	≥2 000	
改性沥青混合料	≥3 000	≥2 800	≥2 500	

52.5　实验结果整理及报告要求

1. 沥青布什黏度与温度关系曲线的绘制

根据黏温曲线确定沥青混合料的拌和温度和碾压温度。

2. 矿质混合料配合比设计

在级配曲线范围内，设计 3 条不同密实程度的级配曲线。

3. 最佳油石比的确定

绘制油石比与沥青体积参数关系曲线，根据关系曲线确定最佳油石比。

4. 沥青混合料性能检验

沥青混合料性能检验实验中，实验数据的整理和分析。

52.6　思考题

如需强化沥青混合料的高温抗车辙能力或低温抗开裂能力，应如何调整最佳沥青用量?

实验 53 SMA 混合料配合比设计实验

53.1 实验的相关知识点

(1) 级配设计理论及其应用。

(2) 沥青混合料拌和工艺。

(3) 马歇尔试件成型方法。

(4) 沥青混合料体积参数测定与计算方法。

(5) 沥青混合料基本性能测试与计算方法。

53.2 实验目的

通过 SMA 混合料配合比设计实验,熟悉 SMA 混合料马歇尔设计方法的原理与流程;掌握沥青混合料拌和、马歇尔试件成型方法;掌握 SMA 混合料体积参数、基本性能测试方法;具备相关数据处理分析能力。

53.3 实验的主要仪器设备和其他材料

(1) 烘箱:有自动温度控制器,控温的精确度为±1 ℃。

(2) 沥青混合料拌和机。

(3) 沥青混合料马歇尔成型仪。

(4) 沥青混合料马歇尔稳定度实验机。

(5) 万能试验机或压力机。

(6) 天平。

(7) 恒温水域。

(8) 游标卡尺。

53.4 实验方法

1. 准备工作

(1) 矿料的筛分和密度实验:对于配制 SMA 混合料的几档集料和矿粉分别进行筛分实验和密度实验,测试各档矿料的级配组成、表观相对密度和毛体积相对密度。

(2) 宜采用改性沥青制备 SMA 混合料。对于改性沥青,不宜采用布什黏度数据绘制黏温曲线的方法确定混合料的拌和温度与碾压温度,可根据实践经验或已有的成功案例,通常改性沥青混合料施工温度较普通沥青混合料的施工温度高 10～20 ℃。采用聚合物改性沥青的混合料施工温度可参照表 53-1。

表 53-1　聚合物改性沥青混合料试件制作温度　单位：℃

施工工序	SBS 类	SBR 胶乳类	EVA、PE 类
沥青加热温度	160～165		
矿料加热温度	190～220	200～210	185～195
沥青混合料拌和温度	180～210	190～200	175～185
试件击实成型温度	170～200	180～190	165～175

2. 实验步骤

(1) 矿料配合比设计。采用马歇尔设计方法进行矿料配合比设计。首先，根据设计混合料公称最大粒径尺寸确定混合料的设计级配范围，具体见表 53-2。公称最大粒径≤9.5 mm的 SMA 混合料，以 2.36 mm 作为粗集料骨架的分界筛孔；公称最大粒径≥13.2 mm 的 SMA 混合料，以 4.75 mm 作为粗集料骨架的分界筛孔。其次，基于矿料的筛分实验结果，在级配范围内设计 3 条级配曲线，设计原则是：一条级配曲线的粗集料骨架分界筛孔通过率处于级配范围中值；另外两条级配曲线的粗集料骨架分界筛孔通过率处于级配范围中值±3%附近。3 条级配曲线的矿粉数量均为 10%左右。最终，确定 3 条级配曲线各档矿料的用量比例，具体填写表 53-3。

表 53-2　密级配沥青混合料矿料级配范围

级配类型	通过下列筛孔(mm)的质量百分率											
	26.5	19	16	13.2	9.5	4.75	2.36	1.18	0.6	0.3	0.15	0.075
SMA-20	100%	90%～100%	72%～92%	62%～82%	40%～55%	18%～30%	13%～22%	12%～20%	10%～16%	9%～14%	8%～13%	8%～12%
SMA-16		100%	90%～100%	65%～85%	45%～65%	20%～32%	15%～24%	14%～22%	12%～18%	10%～15%	9%～14%	8%～12%
SMA-13			100%	90%～100%	50%～75%	20%～34%	15%～26%	14%～24%	12%～20%	10%～16%	9%～15%	8%～12%
SMA-10				100%	90%～100%	28%～60%	20%～32%	14%～26%	12%～22%	10%～18%	9%～16%	8%～12%

表 53-3　初试混合料的配合比

级配编号	各种集料配比			
	矿料一	矿料二	矿料三	矿粉
1	$X1$	$Y1$	$Z1$	$W1$
2	$X2$	$Y2$	$Z2$	$W2$
3	$X3$	$Y3$	$Z3$	$W3$

(2) 按 3 条级配曲线配制合成级配，筛除合成级配中小于粗集料骨架分界筛孔的集料，用捣实法测定粗集料骨架的松方毛体积相对密度和平均毛体积相对密度，计算 3 条初试级配在捣实状态下的粗集料松装间隙率 VCA_{DRC}。

(3) 沥青混合料用量的确定。以一个马歇尔试件矿料用量 1 200 g 为准,计算各档矿料的用量;根据工程经验或已有研究成果初定一个沥青油石比,根据初拟的油石比计算沥青用量。

(4) 沥青混合料的拌和。以确定的沥青、矿料加热温度在烘箱内加热沥青和矿料。将拌和锅预热至拌和温度,加入各档粗集料拌和 60~90 s,加入沥青和纤维拌和 60~90 s,再加入矿粉继续拌和 60~90 s。

(5) 沥青混合料的成型。称取拌和好的沥青混合料(初始 1 200 g),装入已经预热的马歇尔试件套筒,启动马歇尔击实仪,双面各击实 50 次成型马歇尔试件,测试马歇尔试件的高度 h,以目标高度 63.5 mm 为控制指标,计算实际需要沥青混合料的质量 $Q=1\ 200\times 63.5/h$。称取质量为 Q 的沥青混合料,重新装入已经预热的马歇尔试件套筒,启动马歇尔击实仪,双面各击实 50 次成型马歇尔试件,测试马歇尔试件的高度 h_1。检验 h_1 是否在(63.5±1.3) mm 的范围,如果在该范围内,采用质量 Q 的沥青混合料继续成型马歇尔试件;如果不在该范围内,采用上述方法继续调整一个试件所需的质量,直至成型后的马歇尔试件高度满足要求。

(6) 成型后的马歇尔试件室温下放置 12 h,脱掉马歇尔试件套筒。测量马歇尔试件高度,只有高度为(63.5±1.3) mm 的试件才满足成型要求,方可继续使用。称量试件的空气中重、水中重、饱和面干重,计算试件的最大理论相对密度、毛体积密度、空隙率、矿料间隙率、沥青饱和度等体积参数。计算 SMA 马歇尔混合料试件的粗集料骨架间隙率 VCA_{mix},计算方法见式(53-1):

$$VCA_{mix}=\left(1-\frac{\gamma_f}{\gamma_{ca}}\cdot\frac{P_{ca}}{100}\right)\times 100\% \tag{53-1}$$

式中 γ_f ——沥青混合料试件的毛体积相对密度,无量纲;

γ_{ca} ——粗集料骨架部分的毛体积相对密度,无量纲;

P_{ca} ——沥青混合料中粗集料的比例;

VCA_{mix} ——沥青混合料的粗集料骨架间隙率。

根据试件的体积参数计算结果,以同时满足 $VCA_{mix}<VCA_{DRC}$ 及矿料间隙率 VMA 大于 16.5%的级配作为矿料级配;当有两组级配同时满足要求时,以粗集料骨架分界集料通过率大且 VMA 较大的级配作为矿料级配。

(7) 最佳油石比的确定。以确定的矿料配合比,在初拟油石比、初拟油石比±0.3%、初拟油石比±0.6%这 5 个油石比下成型马歇尔试件,测试试件的最大理论相对密度、毛体积密度、空隙率、矿料间隙率、沥青饱和度等各种体积参数,同时进行马歇尔稳定度实验、谢伦堡沥青析漏实验和肯塔堡飞散实验。

将根据期望设计空隙率确定的油石比作为最佳油石比,且在最佳油石比下 SMA 混合料的各项指标应满足表 53-4 的要求。

表 53-4 SMA 混合料马歇尔实验技术标准

实验指标	技术要求
击实次数(双面)/次	50
试件尺寸/mm	ϕ101.6×63.5

（续表）

实验指标	技术要求
空隙率 VV	3%～4%
稳定度 MS/kN	≥6
流值 FL/mm	—
矿料间隙率 VMA	≥17%
沥青饱和度 VFA	75%～85%
粗集料骨架间隙率 VCA_{mix}	$\leqslant VCA_{\mathrm{DRC}}$
谢伦堡沥青析漏实验的结合料损失	≤0.1%
肯塔堡飞散实验的混合料损失	≤15%

（8）在最佳油石比下拌制沥青混合料，进行沥青混合料车辙实验和冻融劈裂实验，设计的 SMA 混合料的动稳定度、冻融劈裂强度比应满足表 53-5 的要求。

表 53-5 SMA 混合料的技术要求

技术指标	要求
动稳定度/(次·mm^{-1})	≥3 000
冻融劈裂强度比	≥80%

53.5 实验结果整理及报告要求

1. *矿质混合料配合比设计*

在级配曲线范围内，根据粗集料骨架分界筛孔通过率设计 3 条不同密实程度的级配曲线。

2. *矿料级配的确定*

根据 3 条初始级配的体积参数计算结果来确定最佳矿料级配。

3. *最佳油石比的确定*

绘制油石比与析漏损失和飞散损失关系曲线，根据期望空隙率来确定最佳油石比。

4. *沥青混合料性能检验*

沥青混合料性能检验实验中实验数据的整理和分析。

53.6 思考题

（1）如需强化 SMA 混合料的高温抗车辙能力或水稳定性能，应如何调整最佳沥青用量？

（2）纤维用量对最佳油石比和 SMA 混合料性能的影响。

实验 54 普通水泥混凝土配合比设计实验

54.1 实验的相关知识点

(1) 级配设计理论及其应用。

(2) 水泥混凝土拌和工艺。

(3) 水灰比的确定。

(4) 水泥混凝土拌和物的施工和易性。

54.2 实验目的

通过普通水泥混凝土配合比设计实验,熟悉水泥混凝土的设计方法与流程;掌握水泥混凝土的拌和、成型方法;掌握水灰比、砂率、单位用水量等参数的确定方法,以及水泥混凝土拌和物的施工和易性;具备相关数据处理分析能力。

54.3 实验的主要仪器设备和其他材料

(1) 烘箱:有自动温度控制器,控温的精确度为±1 ℃。

(2) 水泥混凝土拌和机。

(3) 坍落筒。

(4) 万能试验机或压力机。

(5) 天平。

(6) 游标卡尺。

(7) 水泥标准养护箱。

54.4 实验方法

1. 准备工作

矿料的筛分实验和密度实验:对于水泥混凝土的几档集料和水泥分别进行筛分实验和密度实验,测试矿料的级配组成和表观密度,测试水泥的密度。

2. 实验步骤

1) 矿料配合比设计

根据混凝土公称最大粒径确定粗集料的级配范围,具体见表 54-1,根据级配范围进行粗集料的级配设计,具体确定各档粗集料的用量。根据细集料的筛分实验,对照表 54-2 确定细集料为粗砂、中砂还是细砂。

表 54-1　碎石或卵石的颗粒级配组成范围

公称粒径/mm	通过下列筛孔(mm)的累计筛余							
	37.5	31.5	26.5	19	16	9.5	4.75	2.36
5～16					0～10%	30%～60%	85%～100%	95%～100%
5～20				0～10%	—	40%～80%	90%～100%	95%～100%
5～25			0～5%	—	30%～70%	—	90%～100%	95%～100%
5～31.5		0～5%	—	15%～45%	—	70%～90%	90%～100%	95%～100%
5～40	0～5%	—	—	30%～65%		70%～90%	95%～100%	—

表 54-2　细集料级配组成范围

级配分区	通过下列筛孔(mm)的累计筛余						
	9.5	4.75	2.36	1.18	0.6	0.3	0.15
粗砂	0	0～10%	5%～35%	35%～65%	71%～85%	80%～95%	90%～100%(85%～97%)
中砂	0	0～10%	0～25%	10%～50%	41%～70%	70%～92%	90%～100%(80%～94%)
细砂	0	0～10%	0～15%	0～25%	16%～40%	55%～85%	90%～100%(75%～94%)

注:括号内数据为人工砂可放宽的范围。

2) 计算混凝土的配制强度 f_1

混凝土的设计强度等级根据结构设计确定。为了使配制的混凝土在工程使用时具有必需的强度保证率,混凝土的配制强度应大于设计要求的强度等级。混凝土配制强度按式(54-1)计算:

$$f_1 = f_d + 1.645\sigma \tag{54-1}$$

式中 f_1——混凝土配制强度,MPa;

f_d——混凝土设计强度等级,MPa;

σ——混凝土强度标准差,MPa。σ 根据同类混凝土统计资料计算确定,当无资料时,可按表 54-3 取用。

表 54-3　混凝土强度标准差取值

混凝土强度等级	≤C20	C20～C45	C50～C55
强度标准差取值/MPa	4.0	5.0	6.0

3）计算水灰比 W/C

普通水泥混凝土的水灰比 W/C 由式(54-2)计算。为了保证混凝土必要的耐久性，W/C 的计算值不得超过表 54-4 所规定的最大水灰比。

$$\frac{W}{C}=\frac{\alpha_a \cdot f_2}{f_1+\alpha_a \cdot \alpha_b \cdot f_2} \tag{54-2}$$

式中 f_2——水泥 28 d 抗压强度实测值，MPa；

f_1——混凝土配制强度，MPa；

α_a，α_b——回归系数，根据使用的水泥、集料通过实验确定；当无实验统计资料时，可参照表 54-5 选用。

表 54-4 混凝土的最大水灰比和最小水泥用量

环境条件	最大水灰比	最小水泥用量/($kg \cdot m^{-1}$)		
		素混凝土	钢筋混凝土	预应力混凝土
干燥环境；无侵蚀性静水浸没环境	0.66	250	280	300
潮湿环境；非严寒和非寒冷地区的露天环境；非严寒和非寒冷地区与无侵蚀性的水或土壤直接接触的环境；严寒和寒冷地区的冰冻线以下与无侵蚀性的水或土壤直接接触的环境	0.55	280	300	300
干湿交替环境；水位频繁变动环境；严寒和寒冷地区的露天环境；严寒和寒冷地区的冰冻线以上与无侵蚀性的水或土壤直接接触的环境	0.50	320		
严寒和寒冷地区冬季水位变动区环境；受除冰盐影响环境；海风环境	0.45	330		
盐渍土环境；受除冰盐作用环境；海岸环境	0.4	330		

注：当用活性掺合料取代部分水泥时，表中的最大水灰比以及最小水泥用量即为替代前的水灰比和水泥用量。

表 54-5 回归系数 α_a 和 α_b 选用值

集料品种	α_a	α_b
碎石	0.53	0.20
卵石	0.49	0.13

4）确定坍落度

普通混凝土拌和物的坍落度应根据构件截面尺寸大小、钢筋疏密和施工方式来确定，建议入模时的坍落度如表 54-6 所列。在不发生浇筑困难的情况下，应尽可能地减小坍落度值。

5）确定单位用水量 m_{w0}

对于干硬性和塑性混凝土：当水灰比在 0.4～0.8 范围时，其单位用水量应根据集料的品种、最大粒径及坍落度按表 54-7 选取。表 54-7 中单位用水量为采用中砂时的平均取

表 54-6　混凝土浇筑入模时的坍落度

结构种类	坍落度/mm
小型预制块及便于浇筑振动的结构	0～20
桥梁基础、墩台等无筋或少筋的结构	10～30
普通配筋率的钢筋混凝土结构	30～50
配筋较密、断面较小的钢筋混凝土结构	50～70
配筋极密、断面高而窄的钢筋混凝土结构	70～90

值。当采用细砂时，用水量可增加 5～10 kg/m^3；当采用粗砂时，用水量可减小 5～10 kg/m^3。当水灰比小于或等于 0.4 时，应通过实验确定。

表 54-7　混凝土单位用水量

拌和物流动性		卵石最大粒径/mm				碎石最大粒径/mm			
项目	范围	10	20	31.5	40	16	20	31.5	40
坍落度	10～30	190	170	160	150	200	185	175	165
	35～50	200	180	170	160	210	195	185	175
	55～70	210	190	180	170	220	205	195	185
	75～90	215	195	185	175	230	215	205	195

对于流动性和大流动性混凝土：当未掺外加剂时，以表 54-7 中坍落度 90 mm 的用水量为基础，按坍落度每增加 20 mm、用水量增加 5 kg/m^3 的原则计算混凝土的用水量。当掺外加剂时，用水量按式(54-3)计算：

$$m_{w,ad}=m_{w0}(1-\beta_{ad}) \tag{54-3}$$

式中　$m_{w,ad}$——掺外加剂混凝土的单位用水量，kg/m^3；

m_{w0}——未掺外加剂混凝土的单位用水量，kg/m^3；

β_{ad}——外加剂的减水率。

6) 确定砂率 β_s

坍落度在 10～60 mm 范围内的混凝土，砂率可根据粗集料品种、最大粒径和水灰比按表 54-8 选用。

表 54-8　混凝土砂率选用值

水灰比 W/C	卵石最大粒径/mm				碎石最大粒径/mm			
	10	20	31.5	40	16	20	31.5	40
0.4	190	170	160	150	200	185	175	165
0.5	200	180	170	160	210	195	185	175
0.6	210	190	180	170	220	205	195	185
0.7	215	195	185	175	230	215	205	195

坍落度大于或等于 60 mm 的混凝土，应在表 54-8 的基础上，按坍落度每增大 20 mm、砂率增大 1%予以调整。坍落度小于 10 mm 的混凝土及使用外加剂或掺合料的混凝土应通过实验来确定砂率。

7）计算单位水泥用量 m_{c0}

由水灰比 W/C 和单位用水量 m_{w0} 按式(54-4)计算混凝土的单位水泥用量 m_{c0}。为了保证混凝土的耐久性，水泥用量不得少于表 54-4 中规定的最小水泥用量。

$$m_{c0}=\frac{m_{w0}}{W/C} \tag{54-4}$$

8）计算细集料用量 m_{s0} 和粗集料用量 m_{g0}

细集料用量 m_{s0} 和粗集料用量 m_{g0} 可采用体积法或密度法计算，当采用密度法时，应先假定混凝土的表观密度 m_{cp}（2 350～2 450 kg/m³）。体积法和密度法具体采用式(54-5)和式(54-6)计算：

$$\left.\begin{aligned}&\frac{m_{c0}}{\rho_c}+\frac{m_{s0}}{\rho_s}+\frac{m_{g0}}{\rho_g}+\frac{m_{w0}}{\rho_w}+0.01a=1\\&\beta_s=\frac{m_{s0}}{m_{s0}+m_{g0}}\times 100\%\end{aligned}\right\} \tag{54-5}$$

$$\left.\begin{aligned}&m_{c0}+m_{s0}+m_{g0}+m_{w0}=m_{cp}\\&\beta_s=\frac{m_{s0}}{m_{s0}+m_{g0}}\times 100\%\end{aligned}\right\} \tag{54-6}$$

式中 m_{c0}——混凝土中的单位水泥用量，kg/m³；

m_{g0}——混凝土中的单位粗集料用量，kg/m³；

m_{s0}——混凝土中的单位细集料用量，kg/m³；

m_{w0}——混凝土中的单位用水量，kg/m³；

m_{cp}——混凝土拌和物的假定表观密度，kg/m³；

ρ_c——水泥的密度，kg/m³；

ρ_g——粗集料的表观密度，kg/m³；

ρ_s——细集料的表观密度，kg/m³；

ρ_w——水的密度，kg/m³；

a——混凝土的含气量百分率，在不使用引气型外加剂时，可取为 1。

9）确定基准配合比

按照确定的单位水泥用量 m_{c0}、用水量 m_{w0}、细集料用量 m_{s0} 和粗集料用量 m_{g0} 用量比例准备水泥混凝土的原材料，将称好的粗集料、细集料、水泥按照顺序放入搅拌机拌和，拌和过程中徐徐加水，全部加料过程不超过 2 min；水全部加入后，继续拌和 2 min。按照坍落度实验检查拌和物的和易性。如果实测坍落度不能满足设计要求，或黏聚性和保水性能不好，应在保持水灰比不变的条件下，调整用水量或砂率；如果坍落度低于设计要求，可保持水灰比不变，适当增加水泥浆用量，也可以调整砂率来改善混凝土的流动性。每次调整时，应加入少量材料，反复实验直到符合要求为止。确定的基准配合比为水泥：水：细集料：粗

集料 $=m_{c1}:m_{w1}:m_{s1}:m_{g1}$。

10）确定设计配合比

按照基准配合比准备材料，其中固定用水量，按照基准配合比水灰比、基准配合比水灰比±0.05 这 3 个水灰比成型试件进行强度实验，同时检验混凝土的和易性，测定拌和物的表观密度。当不同水灰比的混凝土拌和物坍落度与要求值之差超过允许偏差时，可适当增加或减小用水量进行调整，砂率也可以酌情增加或减小 1%。

根据强度实验结果，建立灰水比与混凝土强度的关系，选定与混凝土的配制强度 f_1 相对应的灰水比确定设计灰水比，即确定设计水灰比；设计单位用水量 m_{w2} 应按基准配合比确定的单位用水量 m_{w1} 以及强度实验时测得的坍落度进行适当调整确定；设计单位水泥用量 m_{c2} 应根据设计水灰比和设计单位用水量 m_{w2} 计算确定；设计细集料用量 m_{s2} 和粗集料用量 m_{g2} 按照基准配合比的砂率，以及设计单位用水量 m_{w2}、设计单位水泥用量 m_{c2} 按照式(54-5)和式(54-6)计算确定。

11）确定施工配合比

对于实际工程中采用的砂石材料，分别测试细集料的含水率 ω_s 和粗集料的含水率 ω_g。施工配合比中：

（1）单位水泥用量 $m_{c3}=m_{c2}$；

（2）单位细集料用量 $m_{s3}=m_{s2}\cdot(1+\omega_s\%)$；

（3）单位粗集料用量 $m_{g3}=m_{g2}\cdot(1+\omega_g\%)$；

（4）单位用水量 $m_{w3}=m_{w2}-m_{s2}\cdot\omega_s\%-m_{g2}\cdot\omega_g\%$。

54.5　实验结果整理及报告要求

1. 基准配合比的设计

确定初始水灰比、砂率、单位用水量、单位细集料用量、单位粗集料用量等参数。

2. 水灰比的确定

在不同水灰比下进行强度实验，根据强度实验结果确定设计水灰比。

3. 水泥混凝土施工和易性

检验不同水灰比下水泥混凝土的施工和易性，如何调整以提高施工和易性。

54.6　思考题

（1）当水泥混凝土拌和物的坍落度不满足要求时，应如何进行调整？

（2）对比分析采用体积法和密度法计算细集料用量和粗集料用量有何区别？

参 考 文 献

[1] 李立寒，孙大权，朱兴一，等. 道路工程材料[M]. 6 版. 北京：人民交通出版社股份有限公司，2018.

[2] 凌建明. 路基工程[M]. 北京：人民交通出版社，2011.

[3] 孙立军. 铺面工程学[M]. 上海：同济大学出版社，2019.

[4] 钱建固，袁聚云，刘芳，等. 土质学与土力学[M]. 5 版. 北京：人民交通出版社，2015.

[5] 中华人民共和国交通运输部. 公路工程沥青及沥青混合料试验规程：JTG E20—2011[S]. 北京：人民交通出版社，2012.

[6] 中华人民共和国交通运输部. 公路工程集料试验规程：JTG E42—2005[S]. 北京：人民交通出版社，2005.

[7] 中华人民共和国交通运输部. 公路工程水泥及水泥混凝土试验规程：JTG 3420—2020[S]. 北京：人民交通出版社 2021.

[8] 中华人民共和国住房和城乡建设部. 土工试验方法标准：GB/T 50123—2019[S]. 北京：中国计划出版社，2019.

[9] 中华人民共和国交通部. 公路沥青路面施工技术规范：JTG F40—2004[S]. 北京：人民交通出版社，2004.

[10] 中华人民共和国交通运输部. 公路沥青路面设计规范：JTG D50—2017[S]. 北京：人民交通出版社，2017.

[11] 中华人民共和国交通运输部. 公路水泥混凝土路面设计规范：JTG D40—2011[S]. 北京：人民交通出版社，2011.

[12] 中华人民共和国交通运输部. 公路路基路面现场测试规程：JTG 3450—2019[S]. 北京：人民交通出版社，2020.

[13] 田泽峰，聂鹏，张怀志，等. MLS 足尺沥青路面加速加载试验[M]. 北京：人民交通出版社，2015.

[14] 叶宪曾，张新祥，等. 仪器分析教程[M]. 北京：北京大学出版社，2007.